Dansk for dig

Dänisch für Anfänger

Arbeitsbuch

von
Mirjam Friediger
Inke Hach-Rathjens

Beratung von
Else-Maria Christensen

Gelöscht!

12 14203

D1664453

Ernst Klett Sprachen
Stuttgart

1. Auflage   1 54321 | 2014 13 12 11 10

Alle Drucke dieser Auflage sind unverändert und können im Unterricht nebeneinander verwendet werden. Die letzte Zahl bezeichnet das Jahr des Druckes.

Das Werk und seine Teile sind urheberrechtlich geschützt. Jede Nutzung in anderen als den gesetzlich zugelassenen Fällen bedarf der vorherigen schriftlichen Einwilligung des Verlags. Hinweis zu § 52 a UrhG: Weder das Werk noch seine Teile dürfen ohne eine solche Einwilligung eingescannt und in ein Netzwerk eingestellt werden. Dies gilt auch für Intranets von Schulen und sonstigen Bildungseinrichtungen.

Fotomechanische oder andere Wiedergabeverfahren nur mit Genehmigung des Verlags.

© Ernst Klett Sprachen GmbH, Stuttgart 2010
Alle Rechte vorbehalten.
Internetadresse: www.klett.de

Autoren Mirjam Friediger, Inke Hach-Rathjens
Beratung Else-Maria Christensen

Redaktion Mirjam Friediger, Kirsten Hørlyck, Michael Krumm
Layoutkonzeption Marion Köster, Stuttgart
Gestaltung und Satz grundmanngestaltung, Karlsruhe
Umschlaggestaltung Friedemann Bröckel, Stuttgart
Reproduktion Format GmbH, Ettlingen
Titelbild Avenue Images GmbH RF (Johnér/Naturbild/Etsabild), Hamburg;
Strand: iStockphoto (Hans Laubel), Calgary, Alberta;
Häuser: shutterstock (Alan Kraft), New York, NY;
Windkrafträder: iStockphoto (Poula Hansen), Calgary, Alberta;
Fahrrad: iStockphoto (Knud Nielsen), Calgary, Alberta
Druck und Bindung Beltz Druckpartner, Hemsbach
Printed in Germany

ISBN 978-3-12-528931-4

9 783125 289314

Liebe Dänischlernerinnen, liebe Dänischlerner,

willkommen bei *Dansk for dig!* Dieses Arbeitsbuch ergänzt das Lehrbuch (ISBN 978-3-12-528930-7) und hilft Ihnen, das Erlernte in vielfältigen Übungen zu festigen und zu vertiefen.

Auch das Arbeitsbuch umfasst 20 Lektionen und 4 Wiederholungseinheiten (*Frikvarter*).

Alle Übungen sind so konzipiert, dass sie sich sowohl für den Einsatz im Unterricht als auch für die eigenständige Arbeit zu Hause eignen.

Der Aufbau folgt der Dreiteilung der Lektionen des Lehrbuches, so dass die Übungen genau zum Teil A, B oder C der Lektionen passen.

Dieses Arbeitsbuch weist die folgenden Besonderheiten auf:
- Die Wiederholungseinheiten nach jeder fünften Lektion sind als kleine Tests gestaltet, um Ihre Kenntnisse im Unterricht oder zu Hause zu überprüfen

- Mehrere Aufgaben zum freien Schreiben mit steigenden Anforderungen an den Wortschatz von 25 bis 100 Wörtern
- Am Ende des Buches finden Sie einen systematischen Grammatikanhang mit Lektionshinweisen zum Lehrbuch sowie eine alphabetische Wörterliste
- Wie im Lehrbuch sind bis zur ersten *Frikvarter* alle Aufgabenstellungen ins Deutsche übersetzt; bis zur Lektion 10 finden Sie diese Übersetzungen nur noch dort, wo ansonsten Schwierigkeiten entstehen könnten

Die Lösungen zu allen Übungen in Lehr- und Arbeitsbuch sind in einem separaten Lösungsheft (ISBN 978-3-12-528932-1) erhältlich.

Wir wünschen Ihnen viel Spaß und Erfolg beim Dänischlernen mit *Dansk for dig!*

Ihre Autorinnen
Ihre Redaktion

Inhalt

1 Det første møde

A. Hej! Hvad hedder du?

1 **Udfyld sætningerne.**
Vervollständigen Sie die Sätze mit den passenden Wörtern.

| navn | hvad | det | bor | jeg | hvor | også |
| kommer | er | her |

1. Hej! _____ hedder Esben.

2. _____ hedder du?

3. _____ kommer du fra?

4. Jeg _____ fra Viborg.

5. Bor du også _____ i Viborg?

6. _____ du fra Danmark?

7. Mit _____ er Arthur.

8. Jeg _____ i Frankfurt.

9. Er du _____ fra Frankfurt?

10. Ja, _____ er jeg.

2 **Dan spørgsmål af ordene.**
Bilden Sie Fragen aus den Wörtern.

1. hedder | hvad | du   _____ ?

2. du | kommer | hvor | fra   _____ ?

3. hvor | du | bor   _____ ?

3 **Hilsner**
Welche Begrüßungen können Sie zu welcher Tageszeit benutzen?

| godaften | dav | godmorgen | hej | goddag | moin | davs |

1. `8:34` 2. `13:05` 3. `19:47` 4. `22:50`

_____ _____ _____ _____

_____ _____ _____ _____

_____ _____ _____ _____

_____ _____ _____ _____

B. Taler du dansk?

4 **Find sprogene lodret og vandret.**
Hier sind senkrecht und waagerecht 10 Sprachen versteckt. Schreiben Sie die Sprachen in die Zeilen.

I	B	E	L	G	I	E	H	Å	M
T	Y	S	K	E	R	F	O	B	A
A	N	Æ	F	D	U	I	L	R	F
L	T	G	R	Æ	S	K	L	Ø	R
I	O	P	O	L	S	K	A	B	A
E	R	B	Å	D	I	A	N	T	N
N	S	V	E	N	S	K	D	O	S
S	A	R	N	O	K	V	S	C	K
K	T	Y	R	K	I	S	K	E	I
S	Ø	E	N	G	E	L	S	K	T

_____

_____

_____

_____

_____

_____

_____

_____

_____

_____

5 **Dan sætninger af ordene.**
Bilden Sie Sätze aus den Wörtern.

1. på | jeg | ferie | er _____

2. taler | dansk | lidt | jeg _____

3. Tyskland | kommer | jeg | fra _____

6 **Hvor kommer de fra?**
Woher kommen diese berühmten Personen? Tragen Sie die passende Nationalitätsangabe ein.

1. Juliette Binoche ____*franskmand*____

2. Michael Ballack _____

3. David Beckham _____

4. Penelope Cruz _____

5. Michael Laudrup _____

6. Umberto Eco _____

7. Ingrid Bergman _____

7 **Hvilke spørgsmål og svar hører sammen?**
Verbinden Sie die Antworten mit den Fragen.

1. Nej, kun fransk.	a. Er du dansker?
2. Ja, jeg er fra Stuttgart.	b. Taler du engelsk?
3. Ja, det er jeg. Jeg kommer fra Odense.	c. Er du italiener?
4. Ja, lidt. Og også lidt engelsk.	d. Taler du dansk?
5. Nej, jeg er tysker.	e. Er du tysker?

8 **Udfyld med de rigtige præpositioner.**
Ergänzen Sie die Präpositionen *(fra, i, til, på)*.

1. ▶ Bor du også _____ Karlsruhe?

   ▷ Nej, jeg bor _____ Frankfurt.

2. ▶ Jeg kommer _____ Kerteminde.

   Hvad med dig?

   ▷ Jeg kommer _____ Sæby.

3. ▶ Bor du _____ Danmark?

   ▷ Nej, jeg er _____ ferie.

4. ▶ Taler du dansk?

   ▷ Ja, jeg går _____ dansk

   _____ aftenskole.

5. ▶ Er du dansker?

   ▷ Nej, jeg er _____ Tyrkiet.

9 **Skriv dialogen færdig.**
Vervollständigen Sie den Dialog.

▶ _____

▷ Hej.

▶ _____

▷ Jeg hedder Per. Hvad med dig?

▶ _____

▷ Jeg bor i Danmark, men jeg kommer fra Sverige.

▶ _____

▷ Nej, ikke tysk, men engelsk og lidt fransk. Taler du tysk?

▶ _____

C. En, to, tre …

10 **Regn på dansk.**
Rechnen Sie und schreiben Sie die Ergebnisse in Wörtern. Die Lösung ergibt den Namen eines Glücksspiels.

1. tre + seks – ni   = ___ ___ ___

2. fire + otte – ti   =   ___ ___

3. tolv + ni   – syv – elleve   =   ___ ___ ___

4. en + seks + to + fem   – seks = ___ ___ ___ ___

5. tolv – fem – to + elleve – fire =   ___ ___ ___ ___

11 **Hilsner**
Welche Begrüßungen und Verabschiedungen kennen Sie? Ordnen Sie sie in die beiden Kategorien ein.

informell	formell

12 **Fortæl om dig selv. Skriv mininum 25 ord.**
Erzählen Sie über sich selbst mit den Formulierungen, die Sie bis jetzt gelernt haben. Versuchen Sie mindestens 25 Wörter zu schreiben.

_____

_____

_____

_____

_____

_____

_____

2 At lære hinanden at kende

A. Hvem er det?

1 **Hvad siger man på dansk?**
Wie kann man auf Dänisch ...

1. ... jemanden vorstellen? _____

2. ... fragen, wo ein Ort liegt? _____

3. ... zwei oder mehrere Personen fragen, wie sie heißen? _____

4. ... zwei oder mehrere Personen fragen, woher sie kommen? _____

2 **Find de rigtige spørgsmål til svarene.**
Verbinden Sie die Antworten mit den Fragen.

1. De hedder Olsen.	a. Hvad hedder hun til fornavn?
2. Hun hedder Hanne.	b. Er de gift?
3. Han hedder Lasse.	c. Hvad hedder han til fornavn?
4. De bor her i Skanderborg.	d. Bor de også i Skanderborg?
5. Nej, de bor sammen.	e. Hvad hedder de til efternavn?
6. Nej, de bor i Ribe. Men de kommer fra Holstebro.	f. Hvor bor de?

3 **Dan spørgsmål af ordene.**
Bilden Sie Fragen aus den Wörtern.

1. hedder | hvad | han _____?

2. I | bor | hvor _____?

3. er | gift | I _____?

4. Samsø | hvor | ligger _____?

5. taler | dansk | hun _____?

6. det | på | hvem | er | billedet _____?

4 **Lav spørgsmål.**
Welche Fragewörter passen zu den Fragen? Kombinieren Sie die Sätze
mit *hvad*, *hvor* oder *hvem*.

Hvad
Hvor
Hvem

1. _____ hedder I?

2. _____ bor i Jyderup?

3. _____ hedder han?

4. _____ bor du?

5. _____ ligger det?

6. _____ kommer hun fra?

5 **Hvordan laver man spørgsmål?**
Vervollständigen Sie die Regel. Schauen Sie eventuell auf Seite 16 des Lehrbuchs nach.

Fragen auf Dänisch fangen entweder mit einem _____ oder einem

_____ an.

6 **Skriv spørgsmål til svarene.**
Schreiben Sie die Fragen zu den vorgegebenen Antworten.

1. _____ Han hedder Svend.

2. _____ Nej, hun er single.

3. _____ Ja, de har to børn.

4. _____ Vi hedder Hansen til efternavn.

5. _____ Nej, men jeg taler engelsk.

6. _____ Det er min kone Matilde.

B. Hvad kan du lide at lave?

7 **Hvad kan de lide at lave?**
Schreiben Sie, woher die Personen kommen
und welche Freizeitaktivität sie mögen.

1. Robert

2. Monique

3. Harald

4. Veronica

1. *Robert kommer fra England, og han kan godt lide at synge.*

2. _____

3. _____

4. _____

8 **Hvad kan du lide at lave?**
Tragen Sie die Freizeitaktiväten, die Sie in Lektion 2 gelernt haben, in die beiden Kategorien ein.

Jeg kan godt lide at . . .	Jeg kan ikke lide at . . .

9 **Udfyld med de rigtige udtryk.**
Ergänzen Sie die Ausdrücke.

også godt | ikke | godt | heller ikke

1. Kan du godt lide at svømme?

   ☺ Ja, det kan jeg _____ .

2. Jeg kan godt lide at shoppe.

   ☺ Det kan jeg _____ .

3. Kan du godt lide at gå i biografen?

   ☹ Nej, det kan jeg _____ .

4. Jeg kan ikke lide at danse.

   ☹ Det kan jeg _____ .

C. Hvordan staver man til …?

10 **Skriv endelserne på verberne.**
Entscheiden Sie, ob die Verben im Infinitiv oder im Präsens stehen, und ergänzen Sie die
Endungen -(e) oder -(e)r.

1. Vi hedd_____ Andersen til efternavn.

2. Hun kan heller ikke lide at lav_____ mad.

3. Han bo_____ i Skagen.

4. Kan du lide at slapp_____ af?

5. Hvordan stav_____ man til Signe?

6. De kan godt lide at gå_____ i biografen.

11 **Find byerne.**
Finden Sie im Buchstabenfeld mindestens 10 dänische Städte. Schreiben Sie die Städte in die Zeilen.
Versuchen Sie, sie dann laut zu buchstabieren.

Å	R	K	O	L	D	I	N	G	E
T	R	A	N	D	E	R	S	H	N
H	A	L	D	E	S	U	K	O	Æ
Y	L	U	N	D	B	Y	J	R	S
B	O	N	A	R	J	V	E	S	T
O	K	D	A	N	E	F	R	E	V
R	I	B	E	O	R	Ø	N	N	E
Ø	F	O	R	K	G	R	Æ	S	D
N	S	R	Ø	D	B	Y	K	T	E
K	Ø	G	E	K	O	R	S	Ø	R

_____
_____
_____
_____
_____
_____
_____
_____
_____
_____

12 **Hvor ligger byerne?**
Schreiben Sie, wo sich die Städte befinden.

i Jylland | i Sverige | på Fyn | på Bornholm | i Norge | på Sjælland

1. Hvor ligger Århus?   *Det ligger i Jylland.*_____

2. Hvor ligger Rønne?   _____

3. Hvor ligger København? _____

4. Hvor ligger Odense?   _____

5. Hvor ligger Stockholm? _____

6. Hvor ligger Oslo?   _____

3 Spisevaner

A. Hvad skal du have?

1 **Sæt ordene rigtigt sammen.**
Verbinden Sie die Wortteile und bilden Sie neue Begriffe.
Tragen Sie die Wörter an der richtigen Stelle ein.

skinke-   chokolade-
gulerods- kyllinge-
   smørre-

   -sandwich   -brød
      -kage

Et stykke _____

En _____

2 **Dan sætninger af ordene.**
Bilden Sie Sätze aus den Wörtern.

1. kaffe | skal | en | jeg | have | kop

_____

2. have | du | hvad | skal

_____?

3. skal | et | chokoladekage | også | I | stykke | have

_____?

4. lide | godt | han | smørrebrød | kan | også

_____

5. heller | du | vin | skal | et | ikke | glas | have

_____?

6. ikke | hun | en | have | chokolade | kop | skal | varm

_____

B. Morgenmad hos familien Hansen

3 **Hvilket ord passer ikke ind i rækken?**
Welches Wort passt jeweils nicht in die Reihe?

1. en yoghurt | smør | en ost | en kop varm chokolade | en kop te

2. et franskbrød | honning | en leverpostej | en spegepølse | syltetøj

3. et glas juice | et glas vand | et glas mælk | en kop kaffe | et glas vin

4. et stykke smørrebrød | et glas sodavand | et glas danskvand | en kop urtete

5. en sandwich | et glas fadøl | et stykke gulerodskage | et æg | et rundstykke

> Nach dem Ausdruck *Jeg kan godt/ikke lide* … folgt entweder ein Infinitiv (*at* + Infinitiv)
> oder ein Substantiv in unbestimmter Form (d. h. ohne den Artikel *en* oder *et*).
> Es heißt *Jeg kan lide at danse*, aber nicht *Jeg kan lide danser*.
> Es heißt *Jeg kan ikke lide ost*, aber nicht *Jeg kan ikke lide en ost*.

4 **Hvad kan du lide at drikke og at spise til morgenmad?**
Was trinken Sie und essen Sie gern zum Frühstück, und was mögen Sie nicht so gern? Vervollständigen
Sie die Sätze.

Jeg kan godt lide _____   *Jeg kan ikke lide* _____

Jeg kan også godt lide _____   *Jeg kan heller ikke lide* _____

_____   _____

_____   _____

5 **Find det rigtige svar.**
Kreuzen Sie die richtige Antwort an.

1. Hvad betyder *smør*?
   a. ☐ Den betyder *Butter*.   c. ☐ *Butter* det betyder.
   b. ☐ Betyder *Butter* den.   d. ☐ Det betyder *Butter*.

2. Hvad hedder *Wasser* på dansk?
   a. ☐ Det hedder *vand*.   c. ☐ Den hedder *vand*.
   b. ☐ *Vand* hedder det.   d. ☐ Hedder *vand* den.

6 **Svar på spørgsmålene.**
Antworten Sie auf die Fragen mit ganzen Sätzen.

1. Hvad betyder *spegepølse*? _____

2. Hvad betyder *rundstykke*? _____

3. Hvad hedder *Bier* på dansk? _____

4. Hvad hedder *Milch* på dansk? _____

7 **Skriv det rigtige verbum.**
Setzen Sie ein passendes Verb ein.

1. Jeg vil gerne _____ en kop kaffe.

2. Jeg skal _____ et stykke chokoladekage.

3. Må jeg _____ en sandwich med skinke?

8 **Indsæt det rigtige modalverbum.**
Fügen Sie das richtige Modalverb (*vil*, *skal*, *må*) in die Sätze ein.

1. Hvad _____ / _____ du have at spise?

2. Jeg _____ gerne have et stykke smørrebrød med roastbeef.

3. Ja, det _____ du godt.

4. Jeg _____ / _____ have en fadøl.

5. _____ I også gerne have mælk?

6. _____ jeg godt få en kop varm chokolade?

9 **Indsæt de rigtige ord i dialogen.**
Ergänzen Sie den Dialog.

| må | også | gerne | nej tak | helst | vil | hellere | godt | ikke | ja tak |

▶ Hvad _____ du have til morgenmad? Et rundstykke?

◗ _____, jeg vil _____ have franskbrød.

_____ jeg godt få Nutella på?

▶ Ja, det må du _____. Hvad vil du have at drikke? En kop te?

◗ _____, gerne.

▶ Jeg vil også _____ have en kop te.

▶ Vil du have honning i teen?

▶ Nej tak, _____ sukker. Må jeg _____ godt få franskbrød

med Nutella?

▶ Nej, det må du _____.

C. Hvad koster en øl?

10 **Skriv tallene.**
Schreiben Sie die Zahlen auf Dänisch.

a. 46 _____   e. 93 _____

b. 35 _____   f. 67 _____

c. 58 _____   g. 74 _____

d. 82 _____   h. 21 _____

11 **Forbind spørgsmål og svar.**
Verbinden Sie die passenden Fragen und Antworten.

1. Hvad koster en øl?
2. Hvad skal det være?
3. Hvor meget bliver det?
4. Kan jeg få en sandwich med ost?

a. Nej, desværre.
b. En øl koster 30 kroner.
c. Jeg vil gerne bestille en fadøl.
d. Det bliver 52 kroner.

Um eine Bestellung abzugeben, gibt es
auf Dänisch mehrere Möglichkeiten:
Jeg vil gerne bestille ...   (*formell*)
Jeg vil gerne have ...   (*formell*)
Jeg skal have ...   (*neutral*)
Kan jeg få ...?   (*informell*)

12 **Indsæt de rigtige personalpronomener.**
Tragen Sie die richtigen Personalpronomen in die Minidialoge ein.

1. ▶ Hvad betyder *sukker*?   ◁ _____ betyder *Zucker*.

2. ▶ Hvad vil du have at drikke?   ◁ _____ vil gerne have kakao.

3. ▶ Hvor meget bliver det?   ◁ _____ bliver 64 kroner.

4. ▶ Vil I have gulerodskage?   ◁ Ja tak, det vil _____ gerne.

5. ▶ Kan Henrik lide syltetøj?   ◁ Ja, det kan _____ godt.

6. ▶ Det bliver 56 kroner.   ◁ Her er 60 kroner. _____ passer.

7. ▶ Kan Signe og Troels lide urtete? ◁ Nej, det kan _____ ikke.

4 Rejseforberedelser

A. Planlægning

1 **Skriv i bestemt og ubestemt form.**
Schreiben Sie die Substantive sowohl in bestimmter als auch in unbestimmter Form.

1. telt   *et telt – teltet*
2. rygsæk   *en rygsæk –*
3. pas   _____
4. pung   _____
5. rejsetaske _____
6. kamera   _____
7. kørekort   _____
8. lommelygte _____

2 **Skriv de rigtige præpositioner i teksten.**
Ergänzen Sie den Text mit den richtigen Präpositionen *i*, *med* oder *på*.

Der er mange transportmuligheder, når man rejser _____ ferie til Danmark. Man kan køre

_____ bil eller _____ autocamper. Man kan også tage campingvogn _____. Hvis man ikke

har så meget bagage, kan man køre _____ cykel eller _____ motorcykel. Det er også muligt at

rejse _____ tog eller _____ bus. Og man kan endda rejse _____ fly til Billund, Aalborg og

København. Man kan også sejle til Danmark _____ færge eller båd.

I Danmark kan man bo _____ en campingplads, eller man kan overnatte _____ et hotel,

_____ en kro eller _____ et vandrehjem.

3 **Indsæt verberne i den rigtige form i teksten.**
Tragen Sie die Verben in der richtigen Form in den Text ein.

Søren Andersen _____ (*være*) 28 år gammel. Han _____ (*komme*)

fra Ebeltoft, men _____ (*bo*) nu i Aalborg. Trine Møller _____ (*være*)

Sørens kæreste. Hun _____ (*komme*) fra Sæby, og hun _____

(*fylde*) snart 27 år. Trine _____ (*kunne*) tale engelsk, tysk og lidt spansk. De

_____ (*kunne*) begge to godt lide at rejse. I juni _____ (*rejse*) de til Norge

sammen, og de _____ (*planlægge*) rejsen nu.

4 **Skriv spørgsmålene til svarene om Søren og Trine.**
Verfassen Sie die Fragen zu den Antworten über Søren und Trine.

1. _____? Han kommer fra Ebeltoft.

2. _____? Han bor nu i Aalborg.

3. _____? Hun kommer fra Sæby.

4. _____? Nej, ikke fransk, men engelsk, tysk og lidt spansk.

5. _____? De kan begge to godt lide at rejse.

B. Er det din kuffert?

5 **Indsæt de possessive pronomener.**
Tragen Sie die passenden Possessivpronomen *min/mit* oder *din/dit* ein.

1. Tager du _____ telt med? Jeg tager _____ vejkort med.

2. Jeg tager _____ lommelygte med. Tager du _____ liggeunderlag med?

3. Du skal huske _____ sovepose, og jeg skal huske _____ pas.

4. Er det _____ kamera? Her er _____ kamera.

6 **Lav spørgsmål.**
Welche Fragewörter passen zu den Fragen?

Hvem
Hvor meget
Hvor
Hvad

1. _____ bor han nu?   4. _____ med dig?

2. _____ er Trines kæreste?   5. _____ er dit kamera?

3. _____ er dit telefonnummer?   6. _____ bliver det?

7 **Lav talrækkerne færdige.**
Ergänzen Sie die Zahlenreihen und sprechen Sie die Zahlen laut.

a. 205 – 210 – 215 – _____ – _____ – _____ – _____ – _____ – _____

b. 850 – 750 – 650 – _____ – _____ – _____ – _____ – _____ – _____

c. 577 – 580 – 583 – _____ – _____ – _____ – _____ – _____ – _____

d. 968 – 958 – 948 – _____ – _____ – _____ – _____ – _____ – _____

8 **Skriv tallene.**
Schreiben Sie die Zahlen als Zahlwörter und die Zahlwörter als Zahlen.

a. 103 _____

b. 350 _____

c. 789 _____

d. fem tusind fire hundrede _____

e. tyve tusind seks hundrede og halvfjerds _____

f. fire hundrede tusind to hundrede seksogfirs _____

C. Hvordan går det?

9 **Nummerér udtrykkene.**
Bewerten Sie die Ausdrücke mit Zahlen von 1 bis 6,
wobei 1 für sehr positiv und 6 für sehr negativ steht.

☐ Det går okay.   ☐ Det går ikke så godt.
☐ Det går fint.   ☐ Det går godt.
☐ Det går udmærket.   ☐ Det går meget godt.

10 **Dan spørgsmål af ordene.**
Bilden Sie Fragen aus den Wörtern.

1. går | hvordan | det   _____ ?

2. hvordan | det | du | har   _____ ?

3. det | har | godt | du   _____ ?

4. med | det | hvordan | går | dig   _____ ?

5. godt | det | går   _____ ?

11 **Hvilket ord passer ikke ind i rækken?**
Welches Wort passt jeweils nicht in die Reihe?

1. han | vi | jeg | mit | de | det | du

2. udmærket | hvordan | godt | fint | meget godt | okay

3. autocamper | hotel | vandrehjem | færge | sommerhus | kro

4. køre | bo | overnatte | rejse | sejle | komme | kuffert

12 **Brug fantasien og udfyld dialogen.**
Ergänzen Sie die Lücken und erstellen Sie einen Dialog.

◊ Hej Jesper, hvordan går det med dig?

▶ _____ . Jeg har lidt travlt. Jeg rejser nemlig

_____ sammen med _____ .

◊ Rejser I med tog?

▶ Nej, vi _____ .

◊ Hvad tager I med?

▶ Vi _____ .

◊ Hvor skal I overnatte?

▶ Vi _____ .

◊ _____ ! Rigtig god tur!

▶ _____ .

◊ Det skal jeg nok. Hav det selv godt!

13 **Forbind spørgsmål og svar.**
Verbinden Sie die passenden Fragen und Antworten.

1. Har du det godt?		a. Det går meget godt.
2. Hvordan har I det?		b. Ja, jeg har det fint.
3. Går det godt?		c. Jeg har det godt. Hvad med dig?
4. Hvordan går det?		d. Vi har det udmærket.
5. Har hun det godt?		e. Ja, det går helt fint.
6. Hvordan har du det?		f. Nej, hun har det ikke så godt.

A. Har I noget at fortolde?

1 **Skriv de rigtige ord under billederne.**
Schreiben Sie die richtigen Wörter unter die Bilder.

| en skjorte | et par sokker | en nederdel | et tørklæde | en jakke | et par sko | en bluse |
| en hat | et par bukser |

_____

_____

_____

_____

_____

_____

_____

_____

_____

2 **Formulér spørgsmål til svarene.**
Formulieren Sie Fragen zu den Antworten.

1. ▶ _____ ◁ Vi leder efter narkotika.

2. ▶ _____ ◁ I rejsetasken er der kun tøj.

3. ▶ _____ ◁ Vi skal til Hirtshals.

4. ▶ _____ ◁ Det er et liggeunderlag.

5. ▶ _____ ◁ Ja, jeg går til dansk på aftenskole.

3 **Dan sætninger af ordene.**
Bilden Sie Sätze aus diesen Wörtern.

1. ferie | hav | god | en   _____

2. åbne | du | venligst | vil | kufferten   _____?

3. vi | travlt | lidt | har   _____

4. for | hjælpen | tak | mange   _____

5. orden | er | det | i   _____

B. Hvad er det?

4 **Skriv de manglende verber i dialogen.**
Tragen Sie die fehlenden Verben in den Dialog ein.

▶ Færdselskontrol, goddag. Hvor _____ I fra?

▷ Vi _____ fra Hamborg.

▶ Hvor _____ I hen?

▷ Vi _____ til Lolland.

▶ Hvad _____ I med?

▷ Undskyld, kan du _____ lidt langsommere?

▶ Hvad _____ I med?

▷ Hvad _____ du efter?

▶ Jeg _____ efter narkotika.

▷ Vi _____ kun tøj og sko med.

▶ Jeg vil gerne _____ bagagen. Vil du _____

så venlig at åbne bagagerummet? ... Hvad _____ det?

▷ Det _____ en kuffert.

▶ Hvad _____ der i kufferten?

▷ I kufferten _____ der to par bukser, fire bluser og fem skjorter.

▶ Det _____ i orden. Tak _____ I have og god tur.

▷ Selv tak. Farvel.

5 **Skriv i pluralis.**
Bilden Sie die Pluralformen.

1. mit pas → _mine pas_

2. mit hus → _____

3. din rygsæk → _____

4. din rejsetaske → _____

5. min skjorte → _____

6. dit kamera → _____

7. din kop → _____

8. min bil → _____

9. min seng → _____

10. dit glas → _____

6 **Indsæt præpositionerne.**
Tragen Sie die Präpositionen (*fra, på, til*) ein.

Susanne og Rüdiger er _____ bilferie i Danmark.

En politibetjent _____ færdselskontrollen stopper dem en dag, mens de kører _____

vejen. Politibetjenten kommer hen _____ bilen.

7 **Lav dit eget ordnet.**
Welche Wörter fallen Ihnen zum Thema „Reise" ein? Bilden Sie ein Wortnetz.

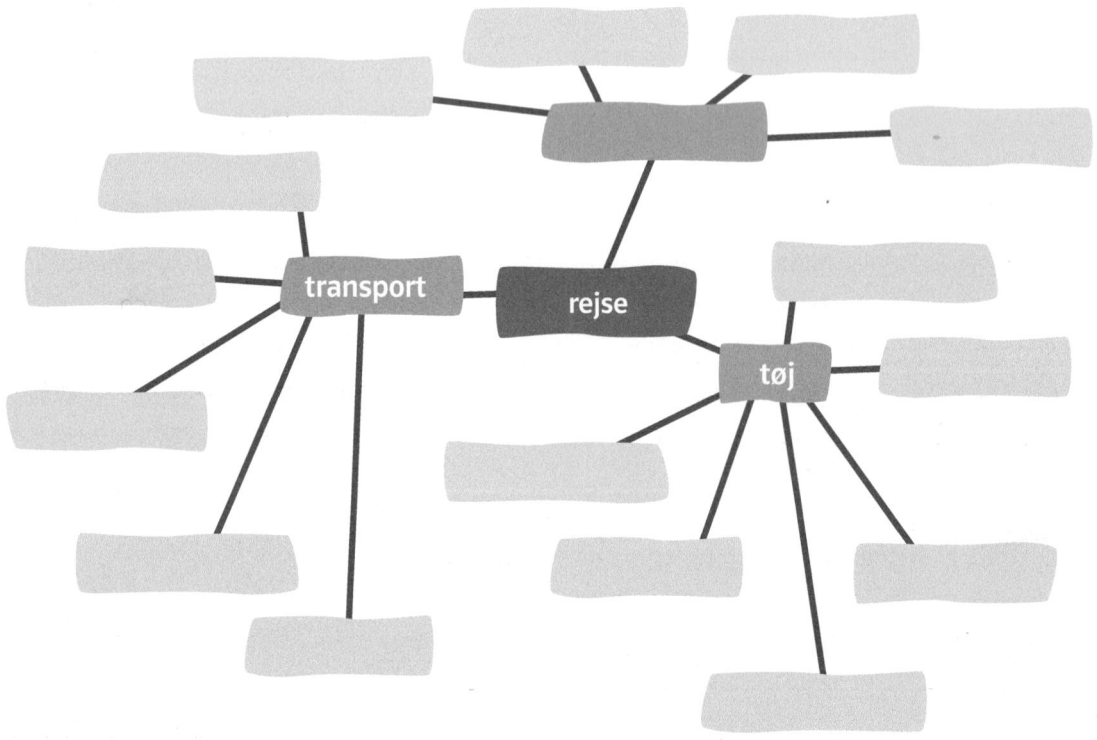

C. Hvad skal du i morgen?

8 **Skriv de rigtige ord i skemaet.**
Setzen Sie die richtigen Wörter in die Tabelle ein.

♂	♀
1. _____	mor
mand	2. _____
ven	3. _____
4. _____	kæreste

9 **Skriv de rigtige verber i sætningerne.**
Tragen Sie die richtigen Verben in die Sätze ein.

lave | rejse | kører | skal | besøge | pakke | rejser | spille

1. Jeg skal _____ nogle venner i morgen.
2. Hvad _____ du i weekenden?
3. Du skal _____ dine kufferter i aften.
4. Vi _____ til Norge i overmorgen.

5. Han _____ til Jylland i eftermiddag.
6. Jeg skal _____ til Tyrkiet i næste uge.
7. Vi skal _____ badminton i weekenden.
8. Hun skal _____ lektier i eftermiddag.

10 **Forbind spørgsmål og svar.**
Verbinden Sie die passenden Fragen und Antworten.

1. Hvad skal I lave til sommer?
2. Hvad skal du lave i morgen?
3. Hvad laver hun i overmorgen?
4. Hvad laver Tove og Kristian på lørdag?
5. Hvad skal han til næste år?

a. Jeg skal til tennis.
b. Han tager til England.
c. De skal shoppe.
d. Vi kører i autocamper til Italien.
e. Hun tager på ferie.

11 **Hvad skal du lave?**
Schreiben Sie einige Sätze darüber, was Sie in der Zukunft vorhaben.

_____

_____

_____

Frikvarter 1

Nachfolgend haben Sie die Möglichkeit, Ihren Wortschatz und Ihre Grammatikkenntnisse aus den Lektionen 1 bis 5 zu überprüfen. Versuchen Sie, die 7 Aufgaben in maximal 30 Minuten zu lösen. Verwenden Sie bitte kein Wörterbuch!

1 **Stil spørgsmål.**
Stellen Sie zu jedem Anfangswort eine Frage.

1. Hvad _____?

2. Hvor _____?

3. Hvordan _____?

4. Er _____?

5. Har _____?

6. Skal _____?

7. Vil _____?

8. Må _____?

9. Kan _____?

_____ /9 Punkte

2 **Forbind udtryk og reaktioner.**
Verbinden Sie die Ausdrücke mit den passenden Reaktionen.

1. Hils Katrine!	a. Selv tak.
2. Mange tak for hjælpen!	b. Tak.
3. Det passer.	c. Det skal jeg nok.
4. Rigtig god tur!	d. Mange tak.

_____ /4 Punkte

3 **Dan sætninger af ordene.**
Bilden Sie Sätze aus den Wörtern.

1. skal | dit | du | huske | kørekort _____

2. samme | jeg | det | gerne | vil | med | betale

_____

3. pas | mine | tager | og | mit | med | badebukser | jeg

_____

4. bliver | meget | hvor | det _____?

_____ /4 Punkte

4 **Skriv kortsvar til spørgsmålene.**
Schreiben Sie Kurzantworten zu den Fragen.

1. Kan du lide at vandre? ☹ _____

2. Kan du lide musik? ☺ _____

3. Vil du have en kop kaffe? ☺ _____

4. Må jeg få en sandwich? ☹ _____

_____ /4 Punkte

5 **Indsæt det første ord i spørgsmålene og svar derefter på dem.**
Ergänzen Sie die Fragen und beantworten Sie sie anschließend.

1. ▶ _____ du dansk? ◖ _____

2. ▶ _____ du gift? ◖ _____

3. ▶ _____ du børn? ◖ _____

4. ▶ _____ går det med dig? ◖ _____

_____ /8 Punkte

6 **Skriv mindst fire ord til hvert tema.**
Schreiben Sie mindestens vier Wörter zu jedem Thema.

1. drikke _____

2. spise _____

3. fritidsaktiviteter _____

_____ /12 Punkte

7 **Læs informationerne og svar på spørgsmålene.**
Lesen Sie diese Informationen und beantworten Sie die Fragen mit richtig oder falsch.

Annesofie kan godt lide at spise morgenmad. Hun spiser yoghurt med mysli og drikker juice, men hun vil helst have franskbrød med Nutella og kakaomælk. Annesofies far siger, at det må hun ikke. Annesofies mor siger, at det må hun godt.
Maja kan godt lide at gå på café med en veninde. Hun kan ikke lide kaffe, men hun kan godt lide te. Hun vil helst have urtete. Majas veninde hedder Karen. Karen kan godt lide kaffe, og hun vil helst have cappuccino. Maja og Karen skal på café og spise chokoladekage i weekenden. Majas kæreste Klaus og Karens kæreste Adam kommer også med. De skal ikke spise chokoladekage. De skal drikke øl.

	rigtigt	forkert
1. Annesofie vil gerne have mælk til morgenmad.	☐	☐
2. Hun vil helst have franskbrød med Nutella.	☐	☐
3. Maja kan godt lide kaffe.	☐	☐
4. Majas kæreste hedder Klaus.	☐	☐
5. Klaus og Adam skal spise chokoladekage i weekenden.	☐	☐

_____ /5 Punkte

Testergebnis: _____ /46 Punkte

6 Sommerhusudlejning

A. Sommerhus til leje

1 **Lav komposita og skriv dem ud for den passende artikel nedenunder.**
Kombinieren Sie jeweils ein Wort von rechts und eines von links zu einem zusammengesetzten Wort.
Tragen Sie die neuen Wörter unter dem passenden Artikel ein.

opvaske
sove
brænde
bade
sommer
vaske
dobbelt
køje
ferie
enkelt
opholds
mikrobølge
kaffe
spise
træ

hus
seng
værelse
stue
ovn
maskine
plads

___en___ *opvaskemaskine*
_____

_____

___et___ *dobbeltværelse*
_____

_____

2 **Hvilket ord passer ikke ind i rækken?**

1. strand | sandkasse | stereoanlæg | sauna | fryser *(en/et)*

2. udendørs | familie | have | købmand | slutrengøring *(substantiv)*

3. gynger | udsigt | cykler | havemøbler | husdyr *(singularis/pluralis)*

3 **Skriv ordene i bestemt pluralis.**
Tragen Sie die Wörter im bestimmten Plural ein.

1. halstørklædet ➜ _____

2. kreditkortet ➜ _____

3. soveposen ➜ _____

4. barnet ➜ _____

5. hotellet ➜ _____

6. flasken ➜ _____

In welcher Form stehen die Wörter schon? _____

4 **Indsæt ordene i annoncen.**

| rygning | ro | træ | lys | nærmeste | røgfrit | plads til | tilladt |

_R_____ hus af _t_____ med udsigt over Vesterhavet. Her er masser

af _____ og _____. 100 meter til _____ købmand.

_____ i alt 4 personer. _R_____ i huset er ikke _t_____.

B. Jeg vil gerne leje et sommerhus.

5 **Indsæt det rigtige spørgeord.**
Setzen Sie das passende Fragewort ein.

1. _____ personer er I?

2. _____ koster sommerhuset pr. uge?

3. _____ børn har du?

4. _____ vil I gerne komme?

5. _____ kvadratmeter er huset?

6. _____ rejser du på ferie?

Hvornår

Hvor meget

Hvor mange

6 **Hvad siger man på dansk?**
Wie sagt man auf Dänisch?

1. Gibt es eine Waschmaschine im Haus? _____

2. Gibt es etwas Besonderes für die Kinder? _____

3. Es gibt einen Sandkasten im Garten. _____

4. Es gibt eine Geschirrspülmaschine im Haus. _____

7 **Forbind sætningerne.**

1. Jeg vil gerne leje et sommerhus.	a. Det var så lidt.
2. Er der noget specielt til børnene?	b. Hvornår skal det være?
3. Tusind tak for hjælpen.	c. Det koster 4.000 kr. pr. uge i juli måned.
4. Hvor mange personer er I?	d. Ja, der er både cykler og gynger.
5. Hvor meget koster sommerhuset pr. uge?	e. Så kan jeg tilbyde dig tre forskellige huse.
6. Vi foretrækker et hus med tre soveværelser.	f. Vi er to voksne og to børn.

8 **Dan sætninger af ordene.**

1. foretrækker | med | opvaskemaskine | sommerhus | vi | et

   _____

2. vil | uger | vi | gerne | i | komme | i | tre | måned | juni

   _____

3. sommerhus | vil | to | jeg | gerne | leje | et | soveværelser | med

   _____

4. jeg | pool | et | gerne | sommmerhus | have | vil | med

   _____

5. måned | har | vi | juli | ferie | i

   _____

9 **Indsæt de rigtige ord i dialogen.**

koster | koster | lyder | leje | er | er | taler | tilbyde | vil

▶ Goddag. Du _____ med Sommerhusudlejning Syd.

▷ Goddag. Jeg vil gerne _____ et sommerhus ved stranden i juli måned.

▶ Hvor mange personer _____ I?

▷ Vi _____ to personer.

▶ Så kan jeg _____ dig et hus med ét soveværelse i to uger i juli.

▷ Hvor meget _____ huset pr. uge?

▶ Det _____ 3.500 kroner pr. uge, og du kan booke det direkte på nettet.

▷ Det _____ fint. Det _____ jeg gøre.

C. Ferieaktiviteter

10 **Vælg den rigtige form og sæt kryds.**
Kreuzen Sie die richtige Form an.

1. Hvis solen skinner, …
   ▢ vi tager på stranden.
   ▢ tager vi på stranden.

2. Hvis det er snevejr, …
   ▢ de går på museum.
   ▢ går de på museum.

3. Hvis det er varmt, …
   ▢ jeg cykler ind til byen.
   ▢ cykler jeg ind til byen.

4. Hvis det er overskyet, …
   ▢ han går ikke på loppemarked.
   ▢ går han ikke på loppemarked.

11 **Skriv vejrbetegnelserne på en alternativ måde.**
Schreiben Sie die Wetterbezeichnungen auf eine alternative Weise.

1. Det er snevejr.   *Det sner.* _____

2. Det er blæsevejr.   _____

3. Det er regnvejr.   _____

4. Det er solskinsvejr. _____

12 **Lav sætningerne færdige med de angivne ord. Husk inversionen!**
Bilden Sie Ergänzungen aus den gegebenen Wörtern. Vergessen Sie die Inversion dabei nicht!

1. Hvis det sner …   museum | lide | jeg | på | godt | kan | at | gå

   _____

2. Om aftenen …   jeg | mine | veninder | på | café | at | gå | med | foretrækker

   _____

3. I morgen …   fodbold | venner | skal | spille | med | jeg | mine

   _____

4. I næste uge …   til | jeg | rejser | Thailand

   _____

5. Hvis solen skinner i weekenden …   besøger | venner | Århus | nogle | i | vi

   _____

7 På indkøb

A. I banken og på posthuset

1 **Udfyld skemaet med de manglende former.**
Ergänzen Sie die Tabelle mit den fehlenden Formen der Wörter.

Singular		Plural	
unbestimmt	**bestimmt**	**unbestimmt**	**bestimmt**
et posthus	_____	posthuse	_____
en bank	_____	_____	_____
en bager	_____	_____	_____
en købmand	_____	_____	købmændene
en grønthandler	_____	_____	grønthandlerne
en fiskehandel	_____	fiskehandler	_____

2 **Indsæt de passende verber i sætningerne.**

1. Jeg vil gerne _____ et brev til Tyskland.

2. Jeg vil gerne _____ et sommerhus i juli måned.

3. Jeg vil gerne _____ nogle penge på mit kreditkort.

3 **Indsæt de manglende ord i dialogen.**

> tilbage | hjælpe | gerne | i alt | til | det

▶ Hvad kan jeg _____ med?

D Jeg vil gerne sende fem postkort _____ Tyskland. Hvad koster det?

▶ _____ koster 8 kroner at sende et postkort til Tyskland.

D Jeg vil også _____ sende to breve til Schweiz. Hvad koster det?

▶ Et standardbrev til Schweiz koster også 8 kroner. Det bliver _____ 56 kroner.

D Her er 100 kroner.

▶ Så får du 44 kroner _____ .

B. Hos grønthandleren

4 **Skriv de forskellige frugter og grøntsager.**
Tragen Sie die entsprechenden Wörter im unbestimmten Singular unter die richtigen Bilder ein.

en fersken _____ _____ _____

 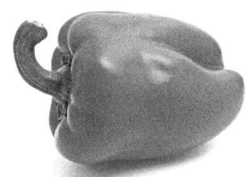  

_____ _____ _____ _____

5 **Hvilken farve har de følgende ting?**
Notieren Sie eine passende Farbe zu jedem Objekt.

1. kaffe _____   5. en tomat _____

2. mælk _____   6. en gulerod _____

3. solen _____   7. en ært _____

4. et blåbær _____   8. en flødebolle _____

6 **Skriv i singularis og pluralis.**
Schreiben Sie die Kombination sowohl im Singular als auch im Plural.

1. gummistøvle | fin   _en fin gummistøvle_   _fine gummistøvler_

2. rygsæk | dyr   _____   _____

3. pas | ny   _____   _____

4. sweater | lilla   _____   _____

5. telt | stor   _____   _____

6. gulerod | billig   _____   _____

7 Vælg et passende adjektiv til hver sætning.
Wählen Sie ein passendes Adjektiv zu jedem Satz aus.

| søde | store | pæne | stort | billige | stor |

1. Jeg vil helst have et hus med to

   _____ værelser.

2. Jeg foretrækker et hus med en

   _____ terrasse.

3. Har du _____ kirsebær?

   Ja, det har jeg.

4. Har du _____ blåbær?

   Nej, det har jeg ikke. Kun dyre.

5. Må jeg få et _____ stykke

   chokoladekage?

6. Jeg vil gerne have et par

   _____ bukser.

8 Indsæt *lille* eller *små*.
Ergänzen Sie mit den Adjektiven *lille* oder *små*.

1. Danmark er et _____ land.

2. Jeg foretrækker at bo på _____ hoteller.

3. Lommelygten er _____ .

4. Jeg bor i et _____ hus.

5. Sokkerne er for _____ .

6. Jeg kan ikke finde min _____ hund!

7. Sommerhusene er alt for _____ .

8. Jakken er for _____ .

C. Hos købmanden

9 Skriv de rigtige præpositioner.
Schreiben Sie die richtige Präposition (*hos, i, på, til*) in den Text.

Familien Hansen er _____ byen _____ indkøb. De skal _____ posthuset, _____ banken, og de skal

købe ind _____ grønthandleren og _____ købmanden. I morgen skal de _____ stranden og bade

og en tur _____ skoven. I weekenden vil de gå _____ loppemarked, hvis det er godt vejr, og _____

museum, hvis det regner.

10 Notér, hvilke produkter man kan købe i disse indpakninger.
Notieren Sie, welche Produkte Sie in diesen Verpackungen kaufen können.

1. flaske _____

2. dåse _____

3. pose _____

4. pakke _____

11 **Hvor kan man det?**
Wo kann man das? Notieren Sie die passenden Orte in der Stadt.

1. købe bananer og appelsiner   _Hos en_ _____

2. købe rundstykker og wienerbrød _____

3. hæve penge   _____

4. købe øl og tandpasta   _____

5. sende breve og postkort   _____

6. købe fisk   _____

7. købe blomster   _____

12 **Indsæt det personlige pronomen.**
Ergänzen Sie mit dem Personalpronomen.

1. ▶ Hvor finder jeg ostene?   ▷ _____ finder du derovre ved mælken.

2. ▶ Hvor står rugbrødet?   ▷ _____ står herovre ved franskbrødet.

3. ▶ Hvor er oksekødet fra?   ▷ _____ kommer fra England.

4. ▶ Hvor er chokoladen fra?   ▷ _____ er fra Schweiz.

5. ▶ Hvad koster bananerne?   ▷ _____ koster 18 kroner pr. kilo.

6. ▶ Hvad koster en øl?   ▷ _____ koster 21 kroner.

13 **Skriv en indkøbsseddel med de angivne ord.**
Schreiben Sie mit den angegebenen Wörtern einen Einkaufszettel.

indkøbsseddel

to liter   _____
to bakker   _____
500 gram   _____
en pose   _____
en kasse   _____
to pakker   _____
to glas   _____
fem små bægre _____
tre flasker   _____

ærter   løg   yoghurt

laks

mælk   honning

rødvin   sodavand

æg

14 **Skriv dialogen hos købmanden færdig.**
Ergänzen Sie den Dialog im Lebensmittelladen.

> ▶ Goddag, kan jeg hjælpe med noget?

Sie bejahen und erklären dem Kaufmann,
dass Sie die Butter suchen.

> ▶ Det står derovre. Ellers andet?

Sie bejahen und sagen, dass Sie auch den
braunen Reis nicht finden können.

> ▶ Den står herovre. Værsgo.

Sie bedanken sich und fragen, wie viel
die roten Kirschen kosten.

> ▶ De koster 40 kroner kiloet.

Sie sagen, dass Sie dann 500 Gramm
möchten. Danach fragen Sie, was 1 Kilo
neue dänische Kartoffeln kosten.

> ▶ Det koster 26 kroner.

Sie fragen, was das Angebot des Tages ist.

> ▶ Det er en kasse øl til 140 kroner.

Sie sagen, dass Sie es nehmen werden und
fragen dann, wie viel es insgesamt kostet.

> ▶ Det bliver i alt 234 kroner.

Sie geben ihm das Geld und bedanken
sich für die Hilfe.

> ▶ Det var så lidt. Fortsat god dag.

Sie bedanken sich und sagen „gleichfalls".

15 **Dan sætninger af ordene.**

1. ikke | udenfor | pengeautomaten | virker _____

2. noget | er | det | problem | ikke _____

3. tilbud | på | der | wienerbrød | er _____?

4. jeg | her | kan | euro | veksle _____?

8 Tiden går

A. Dagens forløb

1 **Klokken er ...**
Zeichnen Sie die Zeiger ein und schreiben Sie danach die offizielle Zeitangabe unter die informelle.

1.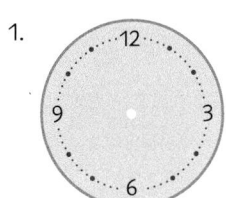

kvart i to om eftermiddagen

tretten femogfyrre

2.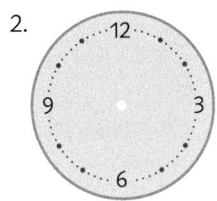

halv seks om eftermiddagen

_____

3.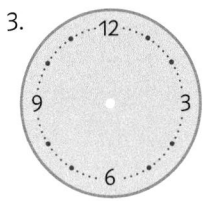

fem minutter over ni om aftenen

_____

4.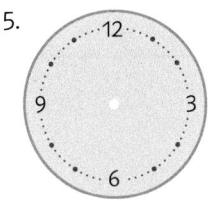

tyve minutter i fire om natten

_____

5.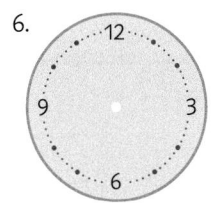

kvart over ti om formiddagen

_____

6.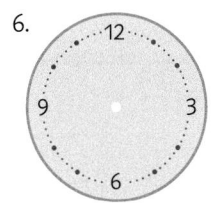

ti minutter i syv om morgenen

_____

2 **Hvad hører sammen? Lav flest mulige udtryk.**
Was gehört zusammen? Bilden Sie möglichst viele Ausdrücke.

gå   stå   komme   **være**   op   **ind**   have   hjem   fjernsyn   **i seng**

rydde   frokostpause   lave   på arbejde   i bad   spise   morgenmad   købe   **mad**   se   aftensmad

_____

_____

_____

_____

_____

3 **Hvad er klokken?**
Wie spät ist es? Schreiben Sie die Uhrzeiten sowohl als offizielle als auch als informelle Zeitangabe.

1. `18:32` _____ eller _____
2. `9:15` _____ eller _____
3. `2:55` _____ eller _____
4. `16:30` _____ eller _____

4 **Skriv om din dagligdag.**
Beschreiben Sie Ihren eigenen Tagesablauf mit mindestens 50 Wörtern.

dagligdag → Alltag

Jeg står op klokken _____
_____
_____
_____

B. Hvad er dine planer for næste uge?

5 **Skriv på dansk.**

1. Mittwoch werde ich Tennis spielen.
_____
_____

2. Dienstags gehe ich Fußball spielen.
_____
_____

3. Am Wochenende gehen wir zu einer Geburtstagsfeier.
_____

4. Samstag machen wir einen Ausflug.
_____

5. Donnerstags spiele ich Klavier.
_____

6. Montagabend gehe ich zum Dänischkurs.
_____

6 Indsæt det rigtige personlige pronomen.

1. Lasse skal til klaver. Kører du _____ derhen?

2. Kører du _____ i skole? *(Matilde)*

3. _____ skal til klassefest på fredag. Kan du hente _____? *(Lasse og Matilde)*

4. Vi skal til svømning. Kan du køre _____ derhen?   Ja, jeg skal nok køre _____.

5. Hvad med _____? Hvad er dine planer for weekenden?

6. Hvad med _____? Hvordan kommer jeg i skole?

C. Jeg vil gerne reservere et værelse.

7 Udfyld de manglende bogstaver.
Ergänzen Sie die fehlenden Buchstaben.

1. de___ember   3. ___ovember   5. efter___r

2. ma___   4. mart___   6. ___inter

8 Skriv ordenstallene.
Schreiben Sie die Ordnungszahlen.

a. 3. _____   f. 12. _____

b. 9. _____   g. 2. _____

c. 1. _____   h. 6. _____

d. 20. _____   i. 4. _____

e. 5. _____   j. 30. _____

9 Besvar spørgsmålene.

1. Hvornår har du fødselsdag?   _____

2. Hvornår er den danske Grundlovsdag?   _____

3. Hvad hedder årets fjerde måned?   _____

4. Hvornår har din mor fødselsdag?   _____

5. Er dansk dit første fremmedsprog?   _____

6. Hvad er den anden dag i ugen?   _____

10 Udfyld de tomme pladser i dialogen.

| så | hver | ringer | det | beklager | til | bliver | reservere | orden | længe | rejser | fra | meget |

▶ Goddag. Jeg _____ for at _____ et dobbeltværelse til den 4. maj.

◁ Jeg _____, alle dobbeltværelser er optaget den 4. maj.

▶ _____ vil vi gerne have to enkeltværelser.

◁ Ja, _____ kan I godt. Hvor _____ bliver I?

▶ Vi _____ i fem nætter.

◁ Det vil sige _____ den 4. maj _____ den 9. maj?

▶ Ja, vi _____ om morgenen den 9. maj. Hvor _____ koster et

enkeltværelse pr. nat?

◁ Det koster 845 kroner pr. nat. Der er morgenbuffet _____ dag mellem klokken 7 og

klokken 10.

▶ Det er i _____ .

11 Hvad siger man på dansk?
Wie kann man auf Dänisch …

1. … ein Zimmer reservieren? _____

2. … nach dem Namen fragen? _____

3. … ausdrücken, dass man sich auf etwas freut? _____

4. … fragen, wie viel etwas kostet? _____

12 Hvilket udtryk passer? Sæt kryds.
Welcher Ausdruck passt? Kreuzen Sie an.

1. Hvor meget koster et dobbeltværelse?
   a. ☐ Det koster 450 kroner pr. nat.
   b. ☐ Det er i orden.

2. Der er morgenmad hver dag mellem
   klokken 6 og klokken 9.
   a. ☐ I rejser altså igen den 7. juni?
   b. ☐ Det er fint.

3. Vi bliver i tre nætter.
   a. ☐ Altså fem nætter i alt.
   b. ☐ Det vil sige fra tirsdag til fredag morgen?

4. Hvornår kommer I?
   a. ☐ Vi kommer ca. klokken 11 om formiddagen.
   b. ☐ Fra klokken 7 til klokken 10.

9 I går og i sidste uge

A. Hvad lavede du i mandags?

1 **Udfyld de manglende bogstaver.**

1. ___ pille___ortene
2. l___rdags___likket
3. kol___nih___ven
4. fl___gst___ngen
5. n___he___erne
6. el___eve___iden

2 **Skriv de manglende verber i præteritum.**
Tragen Sie die fehlenden Verben im Präteritum ein.

Hvad _____ *(lave)* Nanna og Esben i går? De _____ *(stå)* op

klokken halv seks. Så _____ *(løbe)* de en halv time i skoven. Klokken halv syv

_____ *(vække)* de Lærke og Per. Ved syvtiden _____ *(lave)*

Esben morgenmad. Lærke og Per _____ *(tage)* i skole klokken kvart i otte. Esben

_____ *(være)* på arbejde fra halv ni til halv fem, og Nanna _____

(arbejde) hjemme og _____ *(besøge)* Esbens mor på plejehjemmet. Klokken atten

_____*(komme)* Esben hjem fra arbejde, og så _____ *(spise)* familien

aftensmad sammen. Klokken nitten _____ *(se)* Nanna og Esben TV-avisen på fjern-

synet, og derefter _____*(læse)* de avisen. Børnene _____ *(hygge)*

sig med slik, og de _____ *(snakke)* sammen om skolen og vennerne. Klokken ni om

aftenen _____ *(gå)* børnene i seng, og ved ellevetiden _____ *(være)*

Nanna og Esben også trætte og _____ *(gå)* i seng.

plejehjem → Pflegeheim

3 **Skriv sætninger i præteritum med følgende tidsudtryk.**
Schreiben Sie Sätze im Präteritum mit folgenden Zeitausdrücken.

1. _____
2. _____
3. _____
4. _____

i sidste uge

i aftes   i går

for tre dage siden

4 Indsæt den rigtige præposition.
Schreiben Sie die richtige Präposition (i, på, for, om, til) in die Lücken.

1. _____ tre uger siden var jeg på ferie i Tyrkiet.

2. _____ torsdags løb vi i parken.

3. _____ mandagen går jeg til italiensk.

4. _____ lørdag skal vi til fest.

5. _____ sommer flytter jeg til Danmark.

6. _____ weekenden cyklede jeg i skoven.

5 Indsæt alle passende tidsudtryk i sætningerne.
Tragen Sie alle passenden Zeitausdrücke in die Sätze ein.

i aften | sidste år | i morgen | for to uger siden | på fredag | i forgårs | i morges | i aftes | om to uger | i sommer

1. Hvad lavede du _____?

2. Hvor skal du hen _____?

3. _____ var jeg på ferie i Danmark.

4. Hvad skal du _____?

5. _____ stod jeg op klokken fem.

6. Hvad laver du _____?

B. Jeg flyttede for fire måneder siden.

6 Hvilket ord passer ikke ind i rækken?

1. ankom | var | skrev | flyttede | havde

2. konsulat | flytningen | hovedstaden | kommunen | folkeregistret

3. skulle | hjalp | tage | meldte | ringede

4. kæreste | opholdstilladelse | fætter | mor | niece

7 **Skriv sætningerne færdig.**

1. Din far og mor er *dine* _____

2. Din mors bror er *din* _____

3. Din morbrors datter er _____

4. Din kusines bror er _____

5. Din søsters søn er _____

6. Din mands mor er _____

8 **Indsæt verberne i sætningerne.**
Tragen Sie die Verben in die Lücken ein.

melde | ankom | har | søge | hjælper | flyttede | gik | skrive

1. Da jeg _____ til byen, _____ jeg først hen til kommunen.

2. I næste uge _____ min kæreste mig med at flytte.

3. Du skal huske at _____ din nye adresse til folkeregistret.

4. Jeg _____ brug for et CPR-nummer.

5. For fire uger siden _____ jeg til Tyskland.

6. Du skal _____ til konsulatet for at _____ om opholdstilladelse.

C. Hvilken bil har du?

9 **Indsæt de passende spørgende pronomener og spørgeord.**

1. _____ lavede du i går aftes?

2. _____ bluse tager du på i aften?

3. _____ sko kan du godt lide at danse i?

4. _____ rejser du sammen med?

5. _____ tog skal I rejse med?

6. _____ koster billetten?

7. _____ på dagen rejser I?

8. _____ vil I til Norge på ferie?

hvilken **hvilke**
hvad
hvem
hvor meget
hvor længe
hvilket
hvornår
hvor **hvorfor**
hvor mange

10 **Lav spørgsmål til de angivne svar.**
Schreiben Sie Fragen mit Fragepronomen oder Fragewörter zu den angegebenen Antworten.

1. ◗ _Hvilken bil har du?_   ◖ Jeg har en stationcar.

2. ◗ _____ ◖ Jeg slappede af derhjemme.

3. ◗ _____ ◖ Det er mine forældre.

4. ◗ _____ ◖ Jeg tager det blå slips på.

5. ◗ _____ ◖ Jeg tager mine sorte bukser på.

6. ◗ _____ ◖ Hun arbejder hos en bager i byen.

7. ◗ _____ ◖ Klokken fire i eftermiddag.

8. ◗ _____ ◖ Fordi det regner udenfor.

9. ◗ _____ ◖ De blev gift i 2004.

10. ◗ _____ ◖ Rødgrød med fløde.

11 **Forbind spørgsmål og svar.**

1. Kan hun godt lide at se fjernsyn?
2. Du kan godt lide at sejle, ikke sandt?
3. Er du ikke venner med Kristian?
4. Kan han ikke lide at spille computer?
5. Må jeg se dine familiebilleder?
6. Har vi nogen planer i weekenden?
7. Har du nogen planer for på lørdag?
8. Er det ikke din kusine?

a. Jo, det kan jeg.
b. Ja, det har vi.
c. Ja, det kan hun godt.
d. Ja, det må du godt.
e. Jo, det er jeg.
f. Jo, det kan han godt.
g. Ja, det har jeg.
h. Jo, det er det.

ikke sandt? ➜ nicht wahr?

A. Jeg vil gerne se på en sommerkjole.

1 Hvor kan jeg købe det?
Wo kann ich das kaufen? Tragen Sie die richtigen Geschäfte in der bestimmten Singularform ein.

1. bøger _____i_____
2. benzin _____på_____
3. oksekød og pølser _____hos_____
4. skjorter og slips _____i_____
5. medicin _____på_____
6. laksebøffer _____i_____
7. blomster _____i_____
8. pærer og squash _____hos_____
9. kager og franskbrød _____hos_____

2 Hvad slags tøj passer til materialerne?
Welche Art Kleidung passt zu den Materialien?

1. uld _____
2. bomuld _____
3. læder _____
4. silke _____

silke ➜ Seide

3 Indsæt passende adjektiver.
Tragen Sie passende Adjektive in die Sätze ein.

1. Karen har et par meget _____ læderbukser på.
2. Aleksander har en _____ uldjakke på.
3. Nynne har et par _____ sandaler på.
4. Kasper har et _____ slips på.
5. Louise har en _____ bomuldskjole på.

gammel

dyrt   stramme

mørkebrun

gule

4 **Skriv modsætningerne.**
Ergänzen Sie die verneinten Antworten.

1. ▶ Har du nye sko på?   Ð Nej, de er _____

2. ▶ Er din bluse ikke for stram? Ð Nej, den er rimelig _____

3. ▶ Var din kaffe varm?   Ð Nej, den var _____

4. ▶ Er jeres hotel meget dyrt?   Ð Nej, det er _____

5. ▶ Tager du din store taske med? Ð Nej, jeg tager den _____ med.

6. ▶ Løb I en lang tur i går?   Ð Nej, den var faktisk _____

5 **Lav en dialog ud af sætningerne.**
Bilden Sie einen Dialog mit den Sätzen.

> Ja, et øjeblik, så henter jeg dem til dig i din størrelse. | Hvordan skal de være? | Jeg bruger størrelse 38. |
> Ja, jeg vil gerne se på et par sandaler. | Hvilken størrelse bruger du? | De skal helst være røde og af
> læder. | Hvad med dem her? | Kan jeg hjælpe med noget? | De er meget flotte. | Må jeg prøve dem?

▶ _____

Ð _____

▶ _____

Ð _____

▶ _____

Ð _____

▶ _____

Ð _____

▶ _____

6 Indsæt de rigtige endelser på adjektiverne.
Ergänzen Sie die richtigen Endungen der Adjektive und unterstreichen Sie jeweils den bestimmten Artikel, das Possessivpronomen beziehungsweise den Genitiv.

1. Jakobs varm____ chokolade
2. det god____ hotel
3. mit lys____ værelse
4. Mettes brun____ støvler
5. Jespers dyr____ bil
6. din sød____ kæreste
7. det kold____ vand
8. min lang____ kjole
9. de hvid____ skjorter
10. Katrines ny____ kamera
11. dine stor____ bukser
12. den hyggelig____ mand

7 Hvordan udtrykker man lettelse på dansk? Find de tre passende udtryk.
Finden Sie die drei Formulierungen, die auf Dänisch Erleichterung ausdrücken, und schreiben Sie sie unten auf.

Vil du prøve den? | Det var heldigt, at jeg fandt en flot skjorte til festen. | Det var vel nok godt, jeg kunne bytte de sko! | De passer i størrelsen. | Prøverummene er bag i butikken. | Jeg håber, du bliver glad for den. | Jeg er så glad for mine nye sko! | Sikke et held! | De sidder flot på dig. | Kan jeg få pengene tilbage?

_____

_____

_____

8 Skriv de rigtige former for de uregelmæssige adjektiver.
Fügen Sie die richtigen Formen der unregelmäßigen Adjektive ein.

blå
Er alle sommerhusene _____?
Han har et _____ slips på.
Min _____ hat er for lille.

sulten
Se den _____ hund derovre.
Det er et meget _____ barn.
Er I også _____?

smuk
Hvad hedder din _____ søster?
Se de _____ blomster.
Landskabet er _____.

gammel
Kender du den _____ mand?
De _____ bukser er moderne.
Det er et _____ hus.

dansk
Tørklædet er _____.
Har du _____ kartofler?
Min _____ ven hedder Per.

flot
Sikke et _____ slips!
Din kjole er vel nok _____.
Hun har et par _____ bukser på.

B. Jeg har travlt!

9 **Indsæt den rigtige præposition.**
Tragen Sie die richtige Präposition (*hos*, *i* oder *på*) ein.

1. Jeg var _____ frisøren i morges.

2. Var du _____ supermarkedet og købe ind?

3. Hvornår skal du hente bilen _____ autoværkstedet?

4. Var du _____ børnehaven i dag?

5. Vi skulle købe en bog _____ boghandlen til min mor.

6. Der er lækre kager _____ bageren i Grønnegade.

10 **Indsæt det passende verbum.**

| fandt | prøvede | hentede | købte | gik |

1. I går _____ jeg Kristoffer hos en ven.

2. I mandags _____ Lars ind hos købmanden.

3. Sidste år _____ vi endelig en rigtig god strand på Bornholm.

4. _____ du på arbejde i lørdags?

5. _____ hun de stramme cowboybukser?

11 **Indsæt det rigtige svar.**

Ja, det var han. | Nej, det gjorde de ikke. | Ja, det gør vi. | Nej, det havde hun ikke. | Nej, det er de ikke. | Ja, det skulle vi. | Nej, det kan han ikke. | Ja, det må du gerne.

1. Bor I i Tyskland? _____

2. Var Klaus til fest i går? _____

3. Kan Peter svømme? _____

4. Er Gustav og Lise gift? _____

5. Må jeg prøve blusen? _____

6. Arbejdede dine bedsteforældre også i weekenden? _____

7. Havde Pernille travlt i går? _____

8. Skulle I til fødselsdag i søndags? _____

12 **Skriv kortsvar til spørgsmålene.**

1. Går du tidligt i seng? ☺ _____

2. Kom Thomas til festen i går? ☹ _____

3. Ville hun gerne bytte skoene? ☺ _____

4. Spiser I morgenmad sammen? ☹ _____

C. På restaurant

13 **Hvad siger gæsterne, og hvad siger tjeneren? Sæt kryds og nummerér derefter sætningerne.**
Was sagen die Gäste und was sagt der Kellner? Kreuzen Sie an. Nummerieren Sie anschließend die Sätze in einer logischen Reihenfolge.

	gæster	tjener
Værsgo, her er regningen.		
Velbekomme.		
Jeg vil gerne have fiskesuppe til forret.		
Har I et bord til to personer?		
Ja, det smagte dejligt.		
Har I lyst til dessert?		
Vi vil gerne bede om regningen.		
Vi er ikke klar til at bestille endnu.		
Skal I også have noget at spise?		
Til hovedret vil jeg gerne have grillet laks.		
Jeg henter jeres drikkevarer så længe.		
Smagte det godt?		
Jeg vil gerne bestille et glas rødvin til.		

14 **Skriv verberne i præteritum.**

I går _____ *(skulle)* Sanne ikke lave mad, fordi Niels og hun _____ *(spise)* ude.

På restauranten _____ *(komme)* tjeneren straks med menukortet, og hun _____

(spørge), om de først ville have noget at drikke. Niels _____ *(bestille)* en danskvand, Sanne

_____ *(ville)* hellere have en cola. Tjeneren kom tilbage med drikkevarerne og _____

(servere). Så spurgte hun, hvad de ville spise. Niels _____ *(sige)*, at han gerne ville have

tomatsuppe til forret. Til hovedret bestilte han stegt rødspætte med kartofler og salat. Hanne

_____ *(tage)* en rejecocktail til forret og svinekød, brun sovs, kartofler og bønner til hovedret.

Det hele _____ *(smage)* godt.

stegt rødspætte → gebratene Scholle	sovs → Soße
svinekød → Schweinefleisch	bønner → Bohnen

Frikvarter 2

Nachfolgend haben Sie die Möglichkeit, Ihren Wortschatz und Ihre Grammatikkenntnisse aus den Lektionen 6 bis 10 zu überprüfen. Versuchen Sie, die 6 Aufgaben in maximal 20 Minuten zu lösen. Verwenden Sie bitte auch diesmal kein Wörterbuch!

1 **Indsæt det rigtige ord.**

posthuset | banken | restaurant | bageren | slagteren | blomsterbutikken

1. I morgen er det mors dag. Jeg vil købe en gave til min mor i _____ .

2. I aften spiser de på en _____ i byen.

3. Du skal gå på _____ , hvis du vil sende postkort til dine venner.

4. Skal vi ikke gå til _____ og købe wienerbrød?

5. Jeg har ikke nogen penge, så jeg skal i _____ , før de lukker.

6. Han var hos _____ for at købe grillpølser.

____ /6 Punkte

2 **Hvilket svar passer? Somme tider er der flere muligheder.**
Welche Antwort passt? Ab und zu gibt es mehrere Möglichkeiten.

1. Hvad vil I have at drikke?
   a. ☐ Jeg vil gerne have en øl.
   b. ☐ Noget at spise.
   c. ☐ Har du en god rødvin?

2. Hvad lavede du i går?
   a. ☐ Jeg går til tennis.
   b. ☐ Først stod jeg op.
   c. ☐ Jeg var på arbejde.

3. Vil I have et hus med pool?
   a. ☐ Vi foretrækker to soveværelser.
   b. ☐ Nej, helst et uden.
   c. ☐ Er der vaskemaskine i huset?

4. Hvad kan jeg hjælpe med?
   a. ☐ Ja tak, gerne.
   b. ☐ Jeg vil gerne hæve nogle penge.
   c. ☐ Hvad koster det at sende et brev?

5. Hvilke sko har du på?
   a. ☐ Jeg har røde sko på.
   b. ☐ Karin har en nederdel.
   c. ☐ Pers skjorte er lyseblå.

6. Hvor længe bliver I?
   a. ☐ Det er i orden.
   b. ☐ Vi bliver i tre dage.
   c. ☐ Vi vil gerne have to enkeltværelser.

____ /9 Punkte

3 **Skriv mindst fire ord til hvert tema.**

1. dagens forløb _____

2. grønthandler _____

3. sommerhus _____

4. tøjforretning _____

____ /16 Punkte

4 **Kig på vejrkortet over Danmark. Hvordan er vejret i dag?**
Schauen Sie sich die Wetterkarte von Dänemark an. Beschreiben Sie das Wetter.

På Sjælland _____

_____

_____

_____

_____

19°C

____ /5 Punkte

5 **Skriv verberne i præteritum.**

Familien Hansen _____ _(være)_ på ferie ved Vestkysten. Når solen

_____ _(skinne)_, _____ _(tage)_ de på stranden og

_____ _(bade)_. De _____ _(gå)_ også ture i skoven og på

loppemarked. Når det _____ _(regne)_ eller _____ _(blæse)_,

_____ _(blive)_ de i sommerhuset. Emilie og Rasmus _____

(spille) spil og på computer, og Morten og Anne _____ _(læse)_ bøger og

_____ _(slappe af)_. Når det _____ _(være)_ overskyet,

_____ _(cykle)_ familien ind til byen og _____ _(gå)_ i biografen

eller på museum. Om aftenen _____ _(hygge)_ de sig sammen.

____ /15 Punkte

6 **Indsæt substantiverne i den rigtige form.**

1. _____ er meget flotte. _(tørklæde)_

2. Er det dine nye _____ ? _(bukser)_

3. _____ er for stram. _(bluse)_

4. _____ skal sendes til Østrig. _(postkort)_

5. Jeg skal nå at købe to _____ til min kæreste. _(gave)_

6. _____ i Danmark er dyre. _(hotel)_

7. _____ kommer fra Guatemala. _(banan)_

____ /7 Punkte

Testergebnis: ____ /58 Punkte

11 Transport

A. Hvornår går toget til Thyborøn?

1 Skriv transportmidlerne som verber.

1. _at_   2. _____   3. _____   4. _____   5. _____

6. _____   7. _at tage_   8. _at tage_   9. _____   10. _at tage_

2 Indsæt de passende verber.

1. Frederik _____ bussen hver dag.

2. Det _____ omkring 40 minutter i bil.

3. Tina _____ næsten altid med tog til arbejde.

4. De _____ tit med færgen til Rostock.

5. Jeg _____ aldrig på motorcykel, men tit på cykel.

6. _____ du en taxa hjem?

3 Forbind spørgsmål og svar.

1. Hvornår går bussen?	a. Det afgår klokken 13.42 fra spor 7.
2. Hvor meget koster en returbillet til Århus?	b. Den går om 3 minutter.
3. Hvor lang tid tager rejsen?	c. Ja, du skal skifte til linie 184 på Nørreport.
4. Skal jeg skifte undervejs?	d. Den koster 728 kr. inklusive pladsbilletter.
5. Hvor mange zoner er det?	e. Den tager 3 timer og 11 minutter.
6. Hvornår afgår toget til Korsør?	f. Det er 4 zoner ind til centrum.

4 Hvilket ord passer bedst: *kort* eller *billet*?

1. års_____

2. klippe_____

3. retur_____

4. enkelt_____

5. måneds_____

6. plads_____

5 Skriv dialogen færdig

Sie begrüßen den DSB-Mitarbeiter und fragen, wann der nächste Zug nach Odense fährt.	▶ _____ _____
	D Det næste tog går klokken 12.17 fra spor 3.
Sie fragen, wann der Zug in Odense ankommen wird.	▶ _____ _____
	D Det ankommer klokken 15.45 i eftermiddag.
Sie fragen, ob Sie unterwegs umsteigen müssen.	▶ _____ _____
	D Nej, det er et direkte lyntog.
Sie fragen, wie viel eine einfache Fahrkarte kostet.	▶ _____
	D Den koster 352 kroner inklusive pladsbillet.

B. Kan du sige mig vejen til centrum?

6 Forbind spørgsmål og svar. Undskyld . . .

1. . . . hvor ligger apoteket?
2. . . . ved du, hvor der ligger et supermarked?
3. . . . ved du, hvor jeg kan finde en parkeringsplads?
4. . . . kan du fortælle mig, hvor jeg finder en boghandel?
5. . . . kan du sige mig, hvor banegården ligger?

a. Ja, der ligger én til højre for banken derovre.
b. Nej desværre, jeg er ikke her fra byen.
c. Det ligger over for sygehuset i Torvegade.
d. Ja, den ligger for enden af Torvegade ved siden af rutebilstationen.
e. Ja, det kan du bag stadion foran supermarkedet.

7 Skriv mindst 2 måder at spørge, hvor der ligger en frisør.

_____

_____

_____

8 Beskriv, hvor objekterne er i forhold til de andre objekter. Brug præpositionerne. Der er ofte flere muligheder.

| ved siden af | under | til venstre for | bag | i | foran | over | mellem | til højre for |

1. _Motorcyklen står til venstre for cyklen._
   _____
   _____

2. _____
   _____

3. _____
   _____
   _____

4. _____
   _____

9 Markér, hvem der siger hvad. Skriv derefter dialogen i den rigtige rækkefølge og tegn ruten ind på kortet på side 53.

Og så skal du dreje til venstre i første lyskryds. | Du kan parkere på venstre side. | Mange tak for hjælpen. | Undskyld, kan du sige mig vejen til posthuset her fra supermarkedet? | Ja, du skal køre lige ud ved lyskrydset. | Så ligger posthuset på højre hånd. | Det var så lidt. | Derefter skal du dreje til højre anden gang i rundkørslen.

▸ _____

D _____

_____

_____

_____

_____

▸ _____   D _____

10 Skriv mulige bevægelser i trafikken.

1. _Drej til venstre anden gang._ 2. _____ 3. _____

4. _____ 5. _____ 6. _____

7. _____ 8. _____ 9. _____

11 Skriv en vejbeskrivelse i bil fra blomsterbutikken til supermarkedet.

_____

_____

_____

_____

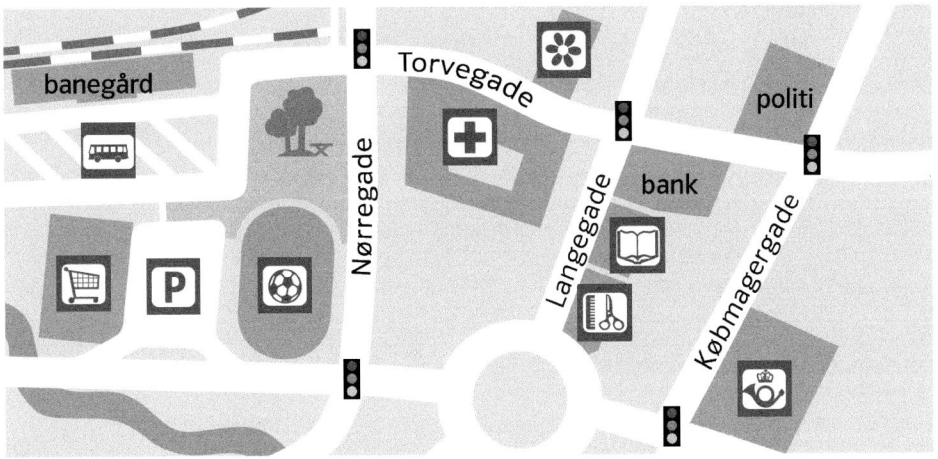

12 **Skriv det rigtige demonstrativpronomen** *(den/det her, den/det der, de her/der).*

1. _____ bil ved siden af mig er min mors.

2. _____ bil derovre foran boghandlen, er det ikke Jørgens?

3. Prøv at se _____ huse herovre. De er virkelig fine.

4. _____ hus derovre mellem træerne kan jeg ikke så godt lide.

5. _____ træer derovre på den anden side af gaden er meget gamle.

13 **Skriv sætningerne i pluralis.**

1. Det her tog kører til Farum. _____

2. Den her campingvogn er stor. _____

3. Kan du se den der gule bus? _____

4. Kender du det der hotel derovre? _____

C. Stig ud af toget.

14 **Hvilket svar passer?**

1. Hvor skal du hen?
   a. Jeg skal hen til Lars.
   b. Jeg skal henne til Lars.

2. Hvad laver du?
   a. Jeg er ud og gå i skoven.
   b. Jeg er ude og gå i skoven.

3. Hvad skal vi lave?
   a. Vi kan gå hjem til mig.
   b. Vi kan gå hjemme til mig.

4. Hvor er du henne?
   a. Jeg er ind på mit værelse.
   b. Jeg er inde på mit værelse.

5. Hvor er du henne?
   a. Jeg er ned i kælderen.
   b. Jeg er nede i kælderen.

6. Jeg kan ikke finde dig!
   a. Jeg sidder op i træet!
   b. Jeg sidder oppe i træet!

15 **Indsæt de rigtige adverbier i teksten.**

ovre | inde | over | hjemme | ind | hen | ude | hjem

Fredag aften var vi _____ hos mig og spise aftensmad. Derefter tog vi

_____ til Tobias, som holdt fest. Der var rigtig mange mennesker. Folk stod

_____ i haven og _____ i stuen. Senere kom

Tobias's forældre _____. Så tog vi _____ til

byen. Næste dag sov jeg længe. Efter frokost gik jeg _____ til min mormor,

som bor overfor. _____ hos mormor spiser vi altid slik og hygger os.

12 Campingliv

A. Du skal bruge et campingpas.

1 **Færdiggør dialogen.**

campingpas | tak | én | overnatning | venligst | over for | jo | gerne | overnatte | strøm | voksne | skemaet

▶ Godaften, vi vil gerne _____ her på campingpladsen.

◗ Hvor mange nætter?

▶ Kun _____ nat.

◗ I er med autocamper, ikke sandt?

▶ _____, det er vi.

◗ Jeg har en plads ved siden af swimmingpoolen og én _____ vaskerummet.

▶ Vi tager pladsen ved siden af swimmingpoolen.

◗ Skal I bruge _____ ?

▶ Nej, det har vi ikke brug for.

◗ Har du et _____ ?

▶ Ja, men det er fra sidste år.

◗ Så skal du bruge et transitmærke. Det gælder for en enkelt

_____ .

▶ Hvad koster det?

◗ Det koster 35 kr. for et transitmærke eller 100 kr. for et årsmærke.

▶ Så vil jeg _____ have et årsmærke.

◗ Okay. Hvor mange personer er I?

▶ Vi er to _____ .

◗ Det bliver i alt for én overnatning, to voksne med autocamper uden strøm og et årsmærke, 236 kr.

Du skal _____ udfylde det her skema.

▶ Okay ... Værsgo, her er _____ og pengene.

◗ Tak skal du have.

▶ Selv _____ . Godnat.

2 **Forbind spørgsmål og svar.**

1. Kan du fortælle mig, hvor baderummene ligger?
2. Er der vaskemaskiner på campingpladsen?
3. Hvor ligger golfbanen?
4. Er der en postkasse på pladsen?
5. Undskyld, hvor ligger puslerummet?

a. Ja, i vaskerummet til højre for informationen.
b. Den ligger bag bålpladsen.
c. Det ligger til venstre for toiletterne.
d. Ja, de ligger over for fælleskøkkenet.
e. Nej, det er der ikke.

3 **Dan relativsætninger ligesom i eksemplet.**

1. Campingpladsen lå tæt ved stranden. Du kan se stranden her på billedet. *(som)*

   Campingpladsen lå tæt ved stranden, (som) du kan se her på billedet.

2. Hun kørte på en cykel. Hun lejede cyklen på campingpladsen. *(som)*

3. Jeg vil gerne se den campingplads. Jeg læste om campingpladsen i min guidebog. *(som)*

4. Jeg leder efter puslerummet. Puslerummet ligger ved toiletterne. *(som/der)*

5. Han laver mad i fælleskøkkenet. Fælleskøkkenet er fælles for alle campister. *(som/der)*

6. Vi boede i en hytte. Hytten var af træ. *(som/der)*

B. Er der nogen ledige pladser?

4 **Lav dit eget ordnet. Hvilke ord falder dig ind til temaet "camping"?**

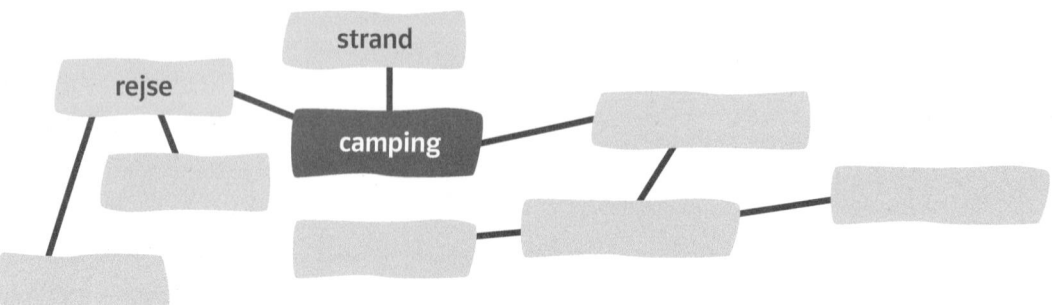

5 Skriv spørgsmål med udtrykkene.

1. Er det tilladt … _____

2. Er det forbudt… _____

3. Kan du anbefale … _____

4. Hvor mange … _____

5. Hvor meget … _____

6 Dan sætninger af ordene.

1. tilladt | det | er | hunde | at tage | med

_____ ?

2. tager | med | campingvogn | somme tider | vi | ferie | på

_____

3. ingen | ledige | ved | jeg | pladser | vandet | har

_____

4. er | nogen | på | hoppepuder | campingpladsen | der | for resten

_____ ?

7 Indsæt *mange* eller *meget*.

1. Jeg kan _____ godt lide at campere.

2. Hvor _____ personer er I?

3. Er der _____ strande i nærheden?

4. Hvor _____ koster en overnatning?

5. Jeg er _____ glad for at have ferie.

6. Der er _____ kort til købmanden.

8 Lav logiske kombinationer.

1. Han bestilte	for tre overnatninger	internetadgang på pladsen.
2. Han betalte	skemaet	en god campingplads.
3. Han spurgte,	en hytte	i informationen.
4. Han udfyldte	postkortet	på dansk.
5. Han skrev	hende	på telefonen.
6. Han anbefalede	om der var	med det samme.

9 Indsæt det ubestemte pronomen (*nogen, noget, nogle*).

1. Har I _____ hytter til leje?   Nej desværre. Vi har ikke _____ ledige

   hytter tilbage.

2. Er der _____ handicaptoilet?   Ja, der ligger _____ handicaptoiletter ved

   siden af de almindelige toiletter.

3. Har du _____ badehåndklæde med?

4. Har Henrik _____ ekstra badebukser?

5. Har Kirsten _____ fiskeudstyr?

C. Vi er på campingferie på Ærø.

10 Brug elementerne og lav sætninger med *når* og *fordi*.

jeg er sulten   jeg spiser noget mad   jeg er tørstig   jeg går i seng

jeg drikker noget vand   jeg tager varmt tøj på   jeg er træt   jeg fryser

_____   _____

_____   _____

_____   _____

_____   _____

11 Skriv postkortet færdigt.

Kære mormor

Vi _____ til campingpladsen på Bornholm

for 2 dage siden. Her er _____ hyggeligt.

Vejret er _____. Solen skinner, og der er

_____ skyer. På campingpladsen er der

_____ og _____.

I går var vi _____ for første gang.

Vi ses _____!

Kærlig hilsen fra Pia

13 Hjemme hos os

A. Min familie

1 **Skriv artiklen *(en/et)* foran ordene og skriv derefter pluralisformen.**

1. _en_ bror   *brødre* _____

2. _____ svigerinde _____

3. _____ far _____

4. _____ barnebarn _____

5. _____ søster _____

6. _____ moster _____

7. _____ mormor _____

8. _____ svigersøn _____

9. _____ datter _____

10. _____ onkel _____

11. _____ farbror _____

12. _____ fætter _____

2 **Svar på spørgsmålene generelt.**

1. Hvem er dine søskende?   *Det er mine* _____

2. Hvem er dine fastre? _____

3. Hvem er dine bedsteforældre? _____

4. Hvem er dine tanter? _____

5. Hvem er dine børn? _____

3 **Skriv spørgsmål til svarene.**

1. _____ Erik har to børn: Magnus og Nikoline.

2. _____ Marie er gift med Jesper.

3. _____ Karstens søster hedder Inger.

4. _____ Ja, han har to nevøer: Hans og Anders.

4 **Skriv om dig selv og din familie.**
Hvor gammel er du? Har du søskende, børn, børnebørn? Hvor gamle er de?

_____

_____

_____

B. Hvem laver mad i jeres familie?

5 Indsæt de manglende verber for opgaverne i hjemmet.

> dække | tørre | gå | pudse | rydde | skifte | gøre | sætte | lave | vaske

1. _____ tur med hunden
2. _____ rent
3. _____ mad
4. _____ op på værelset
5. _____ bord

6. _____ i opvaskemaskinen
7. _____ op
8. _____ sengetøj
9. _____ vinduer
10. _____ støv af

6 Skriv dialogen færdig.

> ▸ Hvem har ansvaret for bilen hjemme hos jer?

Sie antworten, dass Ihre Tochter sie hat.	◗ _____

> ▸ Det må jeg nok sige!
> Hvem reparerer så tingene i huset?

Sie antworten, dass Ihr Sohn das tut.	◗ _____

> ▸ Nå! Hvem gør så rent og vasker gulv?

Sie antworten, dass Ihr Mann das am Wochenende macht.	◗ _____ _____

> ▸ Det siger du ikke! Hvad gør du derhjemme?

Sie antworten …	◗ _____

7 To familier spørger hinanden. Indsæt det possessive pronomen pluralis (*vores, jeres, deres*).

familien Madsen	**familien Nielsen**
1. ◗ Hvor ligger _____ hus?	◗ _____ hus ligger på Mågevej.
2. ◗ Hvor gamle er _____ børn?	◗ _____ søn er 12 år gammel, og _____ døtre er 5 og 8 år gamle.
3. ◗ Hvad er _____ pligter derhjemme?	◗ _____ søn skal dække bord, og de skal alle tre rydde op på _____ værelser.

C. Jeg har gjort rent.

8 Sortér ordene i de tre kategorier og skriv dem i pluralis.

barbermaskine | emhætte | gryde | hårtørrer | klud | komfur | kost | øloplukker | proptrækker | saks | skål | spand | stegepande | støvsuger | urtepotte

ting i køkkenet	ting i badeværelset	husholdningsartikler
klude		

9 Sæt sætningerne og ordene i en logisk rækkefølge og skriv en sammenhængende tekst. Husk at lave inversion, når det er nødvendigt!

for to uger siden | først | så | derefter | og | Da jeg endelig var færdig med rengøringen, | Jeg drak en kop kaffe. | Jeg pudsede vinduer. | Jeg satte en vask over. | Jeg hængte vasketøjet til tørre. | Jeg gik i gang klokken 10. | Jeg læste avisen. | Jeg tørrede støv af. | Det var min tur til at gøre rent derhjemme. | Jeg slappede af. | Jeg støvsugede hele huset. | Jeg vaskede gulvene i badeværelset og i køkkenet.

10 **Omskriv til perfektum.**

1. Jeg rydder op på mit værelse. _____

2. Du støvsuger hele huset. _____

3. Han vasker gulvet i køkkenet. _____

4. Hun slapper af på sofaen. _____

5. De drikker en kop kaffe. _____

6. Vi skovler sne foran huset. _____

11 **Brug tidsudtrykkene og svar på spørgsmålene i perfektum.**

én gang | aldrig | altid | mange gange | tit | endnu ikke | lige

1. Har du nogensinde skovlet sne?

   _____

2. Har du nogensinde været i Legoland?

   _____

3. Har du nogensinde camperet i Danmark?

   _____

4. Har du nogensinde fløjet med en flyvemaskine?

   _____

5. Har du nogensinde sejlet med en færge?

   _____

6. Har du nogensinde været på festival?

   _____

12 **Hvad har du lavet i dag? Skriv en tekst om din dag på mindst 75 ord.**

I dag har jeg været _____

_____

_____

_____

_____

14 At vokse op i Danmark

A. Hvornår er du født?

1 Indsæt de manglende verber.

> være | tage | tage | begynde | aftjene | gå | gå | gå | gå | læse

1. _____ sin værnepligt
2. _____ i lære
3. _____ i vuggestue
4. _____ studentereksamen
5. _____ på universitetet
6. _____ i skolen
7. _____ i børnehave
8. _____ i skole
9. _____ en videregående uddannelse
10. _____ på gymnasiet

2 Indsæt de manglende bogstaver.

1. gym___asi___m
2. ud___a___nelse
3. h___ndels___kole
4. ___iviling___ni___r
5. f___lkesk___le
6. virk___omhe___

3 Hvilket svar passer? Sæt kryds.

1. Hvornår er du født?
   a. Jeg er født den 13. juni 1958.
   b. Min fødselsdag er den 13. juni 1958.

2. Gik du i børnehave?
   a. Ja, jeg går i børnehave.
   b. Ja, det gjorde jeg.

3. Hvornår begyndte du i skolen?
   a. Jeg begynder i skolen i 1964.
   b. Da jeg var 6 år gammel.

4. Har du en uddannelse?
   a. Ja, jeg var i lære som mekaniker.
   b. Ja, på universitetet.

5. Har du aftjent din værnepligt?
   a. Ja, det har jeg.
   b. Ja, jeg gik i gymnasiet.

6. Var du i vuggestue?
   a. Ja, med 2 år.
   b. Ja, det var jeg.

4 Skriv negative sætninger med *ikke.*

1. Vi har været i skole i dag. _____

2. Jeg har arbejdet som mekaniker i fem år. _____

3. Han kom til Danmark fra Pakistan. _____

4. Jeg er født den 23. september. _____

5. Han taler tre sprog flydende. _____

5 Skriv om din egen opvækst og uddannelse. Skriv eventuelt videre i dit hæfte.

_____

_____

_____

opvækst ➡ Aufwachsen

B. Han tog sin/hans hat.

6 Indsæt det rigtige possessivpronomen *sin/sit/sine, hans/hendes* eller *deres.*

1. Pia vasker _____ bil. *(Bilen tilhører Pia.)*

2. Pia vasker _____ bil. *(Bilen tilhører Helle.)*

3. Niels kører i _____ bil. *(Bilen tilhører Thomas.)*

4. Niels vasker _____ bukser. *(Bukserne tilhører Niels.)*

5. Karina går ind på _____ værelse. *(Værelset tilhører Karina.)*

6. Karina og Jens arbejder i _____ have. *(Haven tilhører Karina og Jens.)*

7 Lav nu selv sætninger med de angivne tilhørsforhold og verber.

1. Kameraet tilhører Lise. / *(sælge)*   *Lise sælger sit kamera.* _____

2. Sommerhuset tilhører Kristian. / *(være på ferie)*   _____

3. Det er Sofies mor. / *(ringe til)*   _____

4. Det er ikke Lars's børn, men Jens's. / *(hente)*   _____

5. Det er ikke Idas hund, men Jens's. / *(gå tur med)*   _____

6. Cyklerne tilhører ikke Kasper og Louise. / *(køre)*   _____

8 **Læs teksten om danskerne og bryllup på side 125 i *Lehrbuch* og svar *rigtigt* eller *forkert*.**

	rigtigt	forkert
1. I Danmark skal man være gift for at kunne bo sammen.		
2. Når man bor sammen, er man *samlevere*.		
3. I Danmark har man kun én vielsesceremoni; enten i kirken eller på rådhuset.		
4. Til kirkebrylluppet er bruden for det meste klædt i en lang hvid kjole og slør.		
5. Mange holder bryllupsfesten derhjemme med familie og venner.		
6. Mange ægteskaber går i opløsning efter kort tid.		

C. Hvordan ser hun ud?

9 **Skriv modsætningerne til de angivne menneskelige egenskaber.**

1. tålmodig   _____   5. morsom   _____

2. svag   _____   6. trist   _____

3. blid   _____   7. ubehagelig   _____

4. venlig   _____   8. sød   _____

10 **Lav dit eget ordnet med temaet "udseende".**

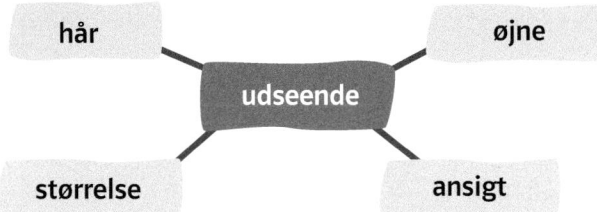

11 **Beskriv en persons ansigt og tegn ham/hende.**

_____

_____

_____

_____

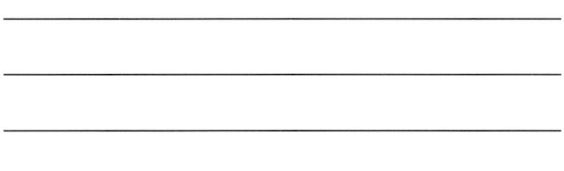

12 Find mindst 15 ord lodret og vandret. Hvilke af ordene kan man sætte *u*- foran? Skriv disse på linjerne ved siden af bogstavfeltet.

M	Ø	R	N	A	T	U	R	L	I	G	S
U	D	M	O	D	E	R	N	E	R	P	E
S	U	R	R	E	L	B	A	R	K	O	K
I	M	I	M	U	D	E	R	N	E	P	K
K	L	O	A	K	E	G	L	A	D	U	O
A	Æ	R	L	I	G	A	I	S	E	L	R
L	K	A	H	L	S	V	A	G	L	Æ	R
S	K	R	I	D	T	E	R	K	I	R	E
K	E	H	G	I	F	T	P	Å	G	I	K
P	R	A	K	T	I	S	K	E	N	D	T

_____

_____

_____

_____

_____

_____

_____

_____

_____

_____

13 Udfyld kontaktannoncen.

Jeg søger _____ at skrive sammen med.
_____ .

Jeg er _____ .

Mine interesser er _____ .

Desuden kan jeg lide at _____

Jeg har _____ .

_____

Skriv til billetmærke 2548 med vedlagt foto, hvis du er interesseret.

billetmærke ➡ Kennziffer

15 Sundhed og sygdom

A. God bedring!

1 Krydsogtværs med kroppens dele. Læs beskrivelserne og skriv ordene i felterne.

1. Vi bruger dem til at gå.
2. Vi lugter med den.
3. Vi har dem i munden.
4. Vi har to, og de sidder på siden af ansigtet. *(vandret)* De sidder på midten af benene. *(lodret)*
5. Den sidder foran i midten af kroppen.
6. Vi har to af dem, og de hænger på siden af kroppen.
7. Vi hører med dem. *(vandret)* Vi ser med dem. *(lodret)*
8. Den sidder over øjnene.
9. Vi taler med den.
10. Den sidder mellem kroppen og hovedet.
11. Vi går på dem. *(vandret)* Vi har ti, og de sidder på hænderne. *(lodret)*

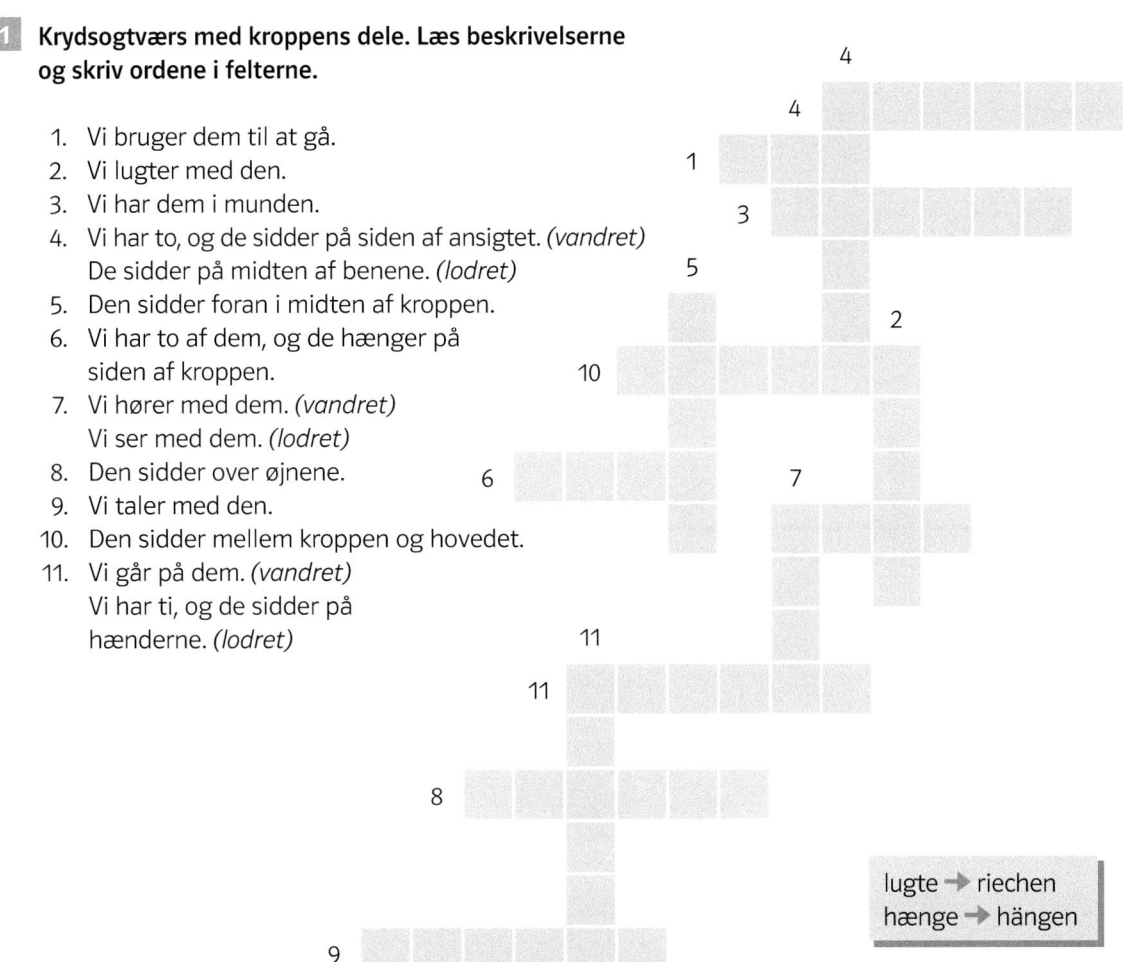

lugte → riechen
hænge → hängen

2 Indsæt alle passende kropsdele til følgende udtryk.

hånden | fingeren | øjet | armen | benet | næsen | kinden | øret | knæet | foden | ryggen

1. skære sig i _____

2. slå _____

3. forstuve _____

4. brække _____

5. få noget i _____

3 Indsæt de passende svar.

> I forgårs. | Jeg har feber og ondt i halsen. | Det gør ondt i maven. | Siden i går eftermiddags. | Jeg har brækket benet.

1. ❭ Hvad fejler du?   D _____

2. ❭ Hvor længe har du haft hovedpine?   D _____

3. ❭ Hvornår forstuvede du din fod?   D _____

4. ❭ Hvad er der sket?   D _____

5. ❭ Hvor gør det ondt?   D _____

4 Hvordan kan man vise medfølelse på dansk? Skriv mindst tre udtryk.

_____

_____

B. Føler du dig syg?

5 Lav mulige spørgsmål til de angivne svar. Brug de refleksive verber i boksen.

> føle sig skidt tilpas | tabe sig | sætte sig | hvile sig | holde sig varm

1. ❭ _____   D Ja, jeg har haft ondt i halsen siden i forgårs.

2. ❭ _____   D Ja, vi har sovet i næsten to timer.

3. ❭ _____   D Ja, de har masser af uldsweatere med på rejsen.

4. ❭ _____   D Ja, næsten ti kilo.

5. ❭ _____   D Nej, han blev stående hele tiden.

6 Hvilke af udtrykkene kan man bruge, når man føler sig syg? Sæt kryds.

Jeg føler mig syg.   Jeg føler mig frisk.   Jeg føler mig godt tilpas.
Jeg føler mig dårligt tilpas.   Jeg føler mig svag.   Jeg føler mig ikke rigtig rask.
Jeg føler mig sløj.   Jeg føler mig skidt tilpas.   Jeg føler mig sund og rask.

7 Hvad sagde personerne?

> Min far siger, at han føler sig dårligt tilpas.

> Min søn siger, at det gør ondt i hans venstre øje.

> Min datter siger, at det gør ondt i hendes tand.

> Min mor siger, at hun har smerter i sine ben.

1. _Jeg_ _____   3. _____

2. _____   4. _____

8 Skriv sætningerne om til indirekte tale.

1. Linda: "Kan jeg få en tid i dag?" *(vil gerne vide)* _Linda vil gerne vide, om hun kan få en tid i dag._

2. Knud: "Hej Lise, er du syg?" *(spørge)* _____

3. Frida: "Har du smerter i ryggen, Per?" *(spørge)* _____

4. Henrik: "Jeg har været hos lægen." *(sige)* _____

5. Dorte: "Må jeg sætte mig ned?" *(vil gerne vide)* _____

9 Skriv dialogen færdig.

▶ Hos læge Mads Klausen. Goddag.

Sie fragen, ob Sie heute einen Termin bekommen können. Sie klagen darüber, dass Sie Ohrenschmerzen haben. Sie sagen, dass Sie im Urlaub sind.	▷ _____ _____ _____

▶ Ja, kan du komme klokken 14.30?

Sie antworten, dass Ihnen der Termin gut passt.	▷ _____

▶ Så skal du huske dit blå EU-sygesikringskort.

Sie versichern, dass Sie das tun werden, und bedanken und verabschieden sich.	▷ _____ _____

C. Du burde blive i sengen.

10 **Hvad siger lægen? Indsæt de passende verber.**

| ræk | holde | drej | åbne | ånde | klæde | tag | hoste |

1. _____ venligst tøjet af.

2. Så vil jeg bede dig om at _____ to, tre gange.

3. _____ venligst hovedet til venstre.

4. Vær så venlig at _____ munden.

5. _____ venligst tungen ud.

6. Så vil jeg bede dig om at _____ vejret.

7. Så vil jeg bede dig om at _____ dybt ind.

8. Vær så venlig at _____ dig på.

11 **Sæt ordene sammen og skriv gode råd med *burde*.**

tabe   drikke   så meget   mere

tænke   blive   sove   dig ti kilo   i sengen

ikke ryge   bevæge   mere sundt   dig mere

spise   mere vand   positivt

1. *Du burde ikke ryge så meget.* _____

2. _____

3. _____

4. _____

5. _____

6. _____

7. _____

8. _____

9. ... _____

12 Hvad siger tandlægen, og hvad siger patienten? Fordel sætningerne i skemaet.

> Vær venlig at spytte ud. | Du har et hul i tanden. | Jeg har mistet en fyldning. | Jeg er bange for at besvime. | Nu har jeg trukket din tand ud. | Dine tænder skal røntgenfotograferes. | Må jeg skylle munden nu? | Kan du plombere min tand i dag? | Skal jeg bedøves? | Nu borer jeg lidt i din tand.

tandlæge	patient

13 Hvilket svar passer til spørgsmålene?

1. Hvordan går det?
   a. Det går ikke så godt.
   b. Fordi jeg har haft hovedpine hele dagen.

2. Har du ringet til lægen?
   a. Han har en tid i eftermiddag.
   b. Ja, jeg har en tid i morgen tidlig.

3. Har du influenza?
   a. Ja, jeg har ondt i ryggen.
   b. Nej, det er noget, jeg har spist.

4. Har du prøvet at drikke en masse vand?
   a. Ja, det hjælper ikke.
   b. Jeg burde drikke mere vand.

5. Er du syg?
   a. Jeg har kastet op hele natten.
   b. Fordi jeg har influenza.

6. Ringede du til lægevagten?
   a. Ja, det går allerede meget bedre.
   b. Ja, jeg ringede i nat.

14 Skriv sætningerne færdig med de angivne ord.

1. Jeg kom ikke til klaver i aftes, …   hovedet | havde | fordi | ondt | jeg | i

   _____

2. Han har haft mavepine hele dagen, …   og | træt | meget | er | han | derfor

   _____

3. Det regnede hver dag i ferien, …   alle | derfor | vi | var | forkølede | og | sammen

   _____

4. Hun er hos tandlægen, …   tand | mistet | fordi | har | en | fyldning | i | sin | hun

   _____

Frikvarter 3

Nachfolgend haben Sie die Möglichkeit, Ihren Wortschatz und Ihre Grammatikkenntnisse aus den Lektionen 11 bis 15 zu überprüfen. Versuchen Sie, die 7 Aufgaben in maximal 25 Minuten zu lösen. Verwenden Sie bitte auch diesmal kein Wörterbuch!

1 **Hvilke(t) svar passer til spørgsmålene?**

1. Hvordan kommer du på arbejde?
   - a. Jeg flyver somme tider til Sverige.
   - b. Jeg tager toget hver dag.
   - c. Det tager omkring 20 minutter.

2. Undskyld, hvor ligger posthuset?
   - a. Desværre, jeg er ikke her fra byen.
   - b. Den finder du ved siden af apoteket.
   - c. Det ligger for enden af hovedgaden.

3. Har du nogensinde taget metroen?
   - a. Ja, jeg kører altid i bil.
   - b. Ja, det har jeg tit gjort.
   - c. Nej, ikke endnu.

4. Hvordan kommer jeg hen til festivalpladsen?
   - a. Den ligger overfor stadion.
   - b. Du skal gå lige ud og så dreje til venstre.
   - c. Du skal gå hen til det der hus derovre.

_____ /5 Punkte

2 **Indsæt _som/der_ eller ingenting (-).**

1. Jeg tager altid det tog, _____ går klokken 8 fra Hellerup station.

2. Hun gik på den skole, _____ ligger ved siden af hospitalet.

3. Vi giftede os i kirken, _____ vores forældre blev gift i.

4. Vi holdt en stor bryllupsfest, _____ varede hele natten.

5. Hun købte den kjole, _____ hendes mor godt kunne lide.

6. Han ringede til den læge, _____ han ikke var bange for.

_____ /6 Punkte

3 **Skriv mindst fire ord eller udtryk til hvert tema.**

1. rengøring _____

2. sygdom _____

3. transport _____

4. uddannelse _____

5. camping _____

6. familie _____

_____ /24 Punkte

4 **Indsæt passende possessive pronomener.**

hendes | hans | jer | sin | mit | vores | hun

1. ▶ Hvem er _____ på ferie med?　　D Hun er sammen med _____ kæreste.

2. ▶ Har I set _____ nye hus?　　D Ja, vi var på besøg hjemme hos ham i går.

3. ▶ Hvem har set _____ kamera?　　D Det ligger derovre på bordet.

4. ▶ Hvem gør rent hjemme hos _____?　　D Det gør _____ børn.

5. ▶ Hvem har blå øjne i _____ familie?　　D Det har hendes mormor.

___ /7 Punkte

5 **Skriv verberne i perfektum og i præteritum.**

Jeg _____ (have) influenza siden i tirsdags. I går _____ (være) jeg

hos lægen, og han _____ (anbefale) mig at blive i sengen indtil i morgen. Han

_____ (sige), at jeg burde spise mere sundt, og derfor _____ jeg

_____ (spise) en masse frugt og _____ (drikke) en masse vand. Jeg

_____ (ligge) i sengen hele dagen, fordi jeg stadig har feber og ondt i hele kroppen.

___ /7 Punkte

6 **Skriv spørgsmål til svarene i futurum, præteritum eller perfektum.**

1. ▶ _____　　D Ja, jeg var i Grækenland med min kæreste i sommer.

2. ▶ _____　　D Vi har bare slappet af hele dagen.

3. ▶ _____　　D Han skal i skole næste år.

4. ▶ _____　　D Hun skal til Schweiz og vandre til september.

5. ▶ _____　　D Vi spiste på restaurant.

___ /5 Punkte

7 **Skriv, hvad lægen siger, i indirekte tale.**

1. "Du skulle sove mere." _____

2. "Har du ondt i maven?" _____

3. "Vær så venlig at spytte ud." _____

4. "Du burde ikke ryge." _____

___ /4 Punkte

Testergebnis: ___ /58 Punkte

16 Bilisme

A. De havde ikke skiftet olie.

1 Skriv de ord du kender for bilens dele.

2 Forbind substantiverne og verberne og skriv en huskeseddel.

pakke

lægge

vande

kontrollere

ringe

adresser

købe

ferieprogram

blomster

skifte

finde

frugt til rejsen

skrive

pas

kufferter

olie på bilen

lyset på bilen

til forældre

1. _____

2. _____

3. _____

4. _____

5. _____

6. _____

7. _____

8. _____

9. _____

3 Skriv sætningerne om til plusquamperfektum.

1. Har du husket at veksle penge?   _Havde_ _____
2. Jeg har ikke fundet mit pas.   _____
3. Han har glemt at skifte olien.   _____
4. Vi er kørt til Frankrig på ferie.   _____
5. Hun har ikke set katten på vejen.   _____

4 Forbind spørgsmål og svar.

1. Var du ikke taget af sted alene til Spanien?
2. Havde du lagt et ferieprogram?
3. Havde du bedt naboen vande dine blomster?
4. Har du husket at kontrollere dækkene?
5. Er du på vej til Polen?

a. Ja, det havde jeg.
b. Ja, det har jeg.
c. Jo, det var jeg.
d. Nej, vi rejste uden program.
e. Ja, det er jeg.

B. Olien skulle skiftes.

5 Indsæt det passende verbum i s-passiv-formen.

indstille | købe | hente | skifte | medbringe | veksle | reparere

1. Bilen skal _____ med det samme.
2. Olien skal _____ , og lyset skal _____ .
3. Kan billetterne også _____ på internettet?
4. Børn må gerne _____ .
5. Vil Viggo gerne _____ tidligt i børnehaven?
6. Pengene kan også _____ i udlandet.

6 Skriv den rigtige form af verbet *blive* i sætningerne. Kig eventuelt på side 145 i *Lehrbuch*.

1. Om mandagen _____ Magnus hentet af sine bedsteforældre i børnehaven.
2. I mandags _____ Magnus også hentet af sine bedsteforældre i børnehaven.
3. I næste uge _____ Magnus _____ hentet af sine morfar om tirsdagen.
4. Magnus _____ lige _____ hentet af sin mormor.
5. Hun fortalte, at inden Magnus kom i børnehave, _____ han _____ passet derhjemme.

7 **Læs først teksten om Erik. Skriv derefter de markerede sætninger om til blive-passiv.**

Før familien Møller kunne rejse til Frankrig, var der sket meget: Erik havde opdaget, at vinduesviskeren ikke virkede. **På turen til Esbjerg havde en sten knust bilens forrude. Erik havde tilkaldt Falck.** Han havde ventet i 25 minutter. **Falck havde slæbt bilen på værksted. Automekanikerne reparerede den med det samme. Desuden skiftede de et dæk, kontrollerede olien og fyldte 1½ l liter olie på.** Da Erik kom for at hente sin bil, var han meget overrasket over regningen.

1. _____

2. _____

3. _____

4. _____

5. *Desuden* _____

8 **Udfordring! Prøv at skriv sætningerne om til indirekte tale.**

1. Erik siger: "Jeg vil klage over regningen."

   _____

2. Erik spørger: "Er dækket blevet skiftet?"

   _____

3. Mekanikeren svarer: "Ja, dækket er blevet skiftet."

   _____

4. Erik vil gerne vide: "Skal jeg også betale for 1½ liter olie?"

   _____

5. Mekanikeren forklarer: "Der er ikke olie nok på bilen."

   _____

C. Overhold færdselsreglerne!

9 **Udfyld de manglende bogstaver.**

1. sp__ritu__kø__sel
2. __ikker__eds__ele
3. kø__e__ort
4. h__stigh__dsg__ænse
5. __obil__ele__on

6. l__n__evej
7. k__re__øj
8. ra__ar__ontr__l
9. __ag__æde
10. f__ngse__

10 **Læs teksten om færdselsreglerne på side 125 i *Lehrbuch* og svar *rigtigt* eller *forkert*.**

	rigtigt	forkert

1. I Danmark må man kun køre 50 km/t på landevejen.
2. Som udlænding skal man ikke betale nogen bøde, hvis man kører for stærkt.
3. Alle køretøjer skal køre med lys både om dagen og om natten.
4. Man kan komme i fængsel, hvis man kører spirituskørsel.
5. Hvis man har et uheld med bilen, skal man ringe til ADAC.

11 **Skriv sætninger med modalverbet i præteritum og et passende tidsudtryk.**

1. ville _____
2. kunne _____
3. måtte _____
4. skulle _____

for en uge siden
i lørdags
sidste år
forleden

12 **Forbind sætningerne til højre og venstre med de passende konjunktioner.**

1. Jeg kører ofte på cykel — fordi — vi har travlt.
2. Lægen anbefalede, — om — komme på arbejde.
3. Vi kører stærkt, — for at — de har et sommerhus på Vestkysten.
4. Hun spurgte, — når — jeg er vild med at rejse.
5. De flyver næsten altid sydpå, — men — han skulle sove noget mere.
6. Hendes mor bad hende ringe hjem, — for — vores bil var endnu ikke klar.
7. Vi tog hen på værkstedet, — at — de havde husket deres pas.
8. Jeg tager tit på ferie, — selvom — hun var færdig med gymnastik.

17 Erhverv

A. Hvad laver en jordemor?

1 Hvad laver disse personer? Skriv sætningerne færdige.

1. En automekaniker *reparerer biler.* _____
2. En skolelærer _____
3. En bager _____
4. En slagter _____
5. En tjener _____
6. En frisør _____

2 Hvor arbejder personerne? Skriv sætningerne færdige.

1. En advokat *arbejder på et advokatkontor.* _____
2. En jordemor _____
3. En pædagog _____
4. En sygeplejerske _____
5. En bager _____
6. En sekretær _____

3 Find mindst 20 ord til temaet *erhverv* i bogstavfeltet lodret og vandret og skriv dem på linjerne ved siden af.

S	Æ	L	G	E	P	O	S	T	V	I	O	T
T	J	E	N	E	R	E	L	E	V	K	V	Å
I	R	P	Ø	K	O	K	H	Y	S	O	E	S
L	E	O	F	A	G	L	Æ	R	T	L	R	N
L	M	S	E	K	R	E	T	Æ	R	L	E	E
I	B	T	A	F	A	B	R	I	K	E	N	D
N	Y	B	B	E	M	U	R	E	R	G	S	K
G	G	U	T	Ø	M	R	E	R	O	A	K	E
O	G	D	E	L	Ø	N	K	O	N	T	O	R
B	E	R	F	A	R	I	N	G	D	I	M	S
S	A	R	B	E	J	D	S	T	I	D	S	Ø
A	K	K	O	R	D	A	N	S	A	T	T	E
K	V	A	L	I	F	I	K	A	T	I	O	N

_____
_____
_____
_____
_____
_____
_____
_____
_____
_____
_____

4 Forbind ordene og dan de mulige komposita.

arbejds-

akkord   tid   travl

uddannet   erfaring   løn

giver   dag   kvalifikationer   løs

5 Hvilket svar passer til spørgsmålene?

1. Hvad arbejder du som?
   - a. Jeg er faglært kok.
   - b. På et hospital.

2. Er du glad for dit arbejde?
   - a. Jeg arbejder på deltid.
   - b. Ja, det er jeg.

3. Hvor arbejder du?
   - a. På en fabrik.
   - b. Jeg arbejder som skolelærer.

4. Har du nogen søde kolleger?
   - a. Ja, det har jeg.
   - b. Vi har et godt teamwork.

> deltid → Teilzeit

B. Kan du begynde tidligere end planlagt?

6 Indsæt de manglende ord i den rigtige form og rækkefølge.

1. Karin vil gerne arbejde i Danmark, fordi _____ _____ vild med

   Skandinavien. *(være – hun)*

2. Hun søger stillingen, selvom _____ _____ _____ dansker.

   (være – hun – ikke)

3. Hun ved ikke, om _____ _____ stillingen. *(få – hun)*

4. Hun taler ikke perfekt dansk, men _____ _____ næsten alt. *(forstå – hun)*

5. For at skrive en god ansøgning _____ _____ brug for hjælp. *(have – hun)*

6. Karin har hørt, at _____ _____ _____ en stor by.

   (være – Roskilde – ikke)

7 Indsæt de manglende ord.

> det | flot | tidligere | længere | end | end | vigtigste | som

1. Det tog _____ tid fra lufthavnen, _____ jeg havde regnet med.

2. Roskilde er lige så _____, _____ jeg havde regnet med.

3. Kunne du måske begynde endnu _____, _____ vi aftalte?

4. Jeg klarer mig nok med _____ _____.

8 Sæt delene sammen til en ansøgning. Skriv de passende tal i brevet.

1. Stuttgart, 5. september 2010

2. Med stor interesse har jeg læst joban-noncen på www.jobformig.dk vedrørende den ledige stilling som receptionist, og da jeg mener, at mine kvalifikationer svarer til beskrivelsen, sender jeg hermed min ansøgning.

3. Jeg glæder mig til at høre fra jer.

4. Jeg søger nu denne stilling i et dansk firma, fordi jeg gerne vil prøve at arbejde uden for Tyskland. Desuden er jeg meget interesseret i Danmark og den danske kultur. Jeg har lært dansk på aftenskole siden 2005, og jeg taler og skriver tysk, engelsk og fransk.

5. Karin Krupp
Senefelderstr. 27
70178 Stuttgart
Tyskland
+49 (0)711 22 33 44 55
karinkrupp@mail.de

6. Karin Krupp

7. Jeg er 37 år gammel, ugift og har et barn på 8 år. Jeg er uddannet Bürokauffrau i 1999 og arbejder i øjeblikket som salgsassistent hos Papyrus GmbH i Stuttgart. Som det fremgår af mit CV, har jeg kompetencer inden for reception, kundeservice og telefonsalg. Jeg har også arbejdet som receptionist hos Sonne und Mond AG, Frankfurt.

8. Bilag: CV

9. Med venlig hilsen

10. Vind og Blæs ApS
Att.: Personalechef Lise Olsen
Merkurvej 359
4000 Roskilde

11. Ansøgning som receptionist, mrk. 134-78

salg	→ Verkauf
fremgå	→ hervorgehen
CV	→ Lebenslauf
kompetence	→ Kompetenz
reception	→ Empfang
kundeservice	→ Kundendienst
inden for	→ in

9 Udfyld skemaet for komparation.

positiv	komparativ	superlativ
få		
lille		
mange		
lang		
dårlig/slem		
meget		

10 Skriv det angivne ord i den rigtige komparationsform.

1. Maiken er den _____ pige i klassen. *(glad)*

2. Det _____ for mig er mit job. *(vigtig)*

3. Byen er _____, end jeg havde regnet med. *(smuk)*

4. Hans er ikke så _____ som Jens. *(ung)*

5. Den _____ by er 10 km væk. *(nær)*

6. Hovedstaden er den _____ by i landet. *(moderne)*

7. Karins ansøgning er _____ end de andre ansøgninger. *(interessant)*

8. Arthur er _____ end Esther. *(gammel)*

11 Find på sætninger med superlativ.

1. Hvem er den _____? *(god)*

2. Hvem er _____? *(god)*

3. Hvilket er det _____? *(stor)*

4. Hvad er _____? *(stor)*

12 Find på sætninger med sammenligninger.

ikke så … som | lige så … som | … end | endnu … end

1. *(hurtig)* _____

2. *(dejlig)* _____

3. *(dyr)* _____

4. *(kort)* _____

C. Er du god til computer?

13 Se på billederne og skriv ordene de rigtige steder. Der er flere ord end billeder!

en mus | en mus | en skærm | en tast | en bærbar | en fil | en e-mail | en printer |
et tastatur | et USB-stik

1. _____ 2. _____ 3. _____

4. _____ 5. _____ 6. _____

14 Hvad gør du på computeren? Forbind verber og substantiver og skriv korte sætninger med *jeg*.
Ordene kan bruges flere gange.

fil   dokument   **åbne**   tænde for
program   **link**   søge   slukke
    e-mail   hjemmeside   **lukke** **surfe**   **modtage**
nettet vedhæng   slette   **sende**   printe
vindue **computer**   **forstørre**   formindske   **klikke**
    kodeord   downloade   **skrive** gemme
                        indtaste

Jeg klikker på et link. _____

_____

_____

_____

bærbar (computer) → Laptop

18 Bolig

A. Lejlighed til leje

1 Indsæt det angivne adjektiv i den passende form.

1. Jeg vil helst bo i en andelslejlighed, fordi huslejen er _____ end for en lejelejlighed. *(lille)*

2. Jeg vil helst bo i et rækkehus, fordi naboerne bor _____ på end i et parcelhus. *(tæt)*

3. Jeg vil helst bo i et hus med have, fordi der er _____ plads til at lege. *(meget)*

4. Jeg vil helst bo i et højhus, fordi der er _____ etager end i et hus. *(mange)*

2 Skriv spørgsmålene færdige med de angivne ord.

1. Vidste du, at …   et | altan | lejligheden | gæstetoilet | en | stor | har | og

_____?

2. Ved du, om …   hører | der | gårdhave | ejerlejligheden | til | fælles

_____?

3. Ved du, om …   også | og | udlejes | vaskekælderen | garagen

_____?

4. Ved du, hvor …   huslejen | er | om | er | og | vaskekælderen | høj

_____?

5. Ved du, hvor mange …   og | har | værelser | om | er | lejligheden | badeværelset | nyt

_____?

3 Lav dit eget ordnet til temaet "bolig".

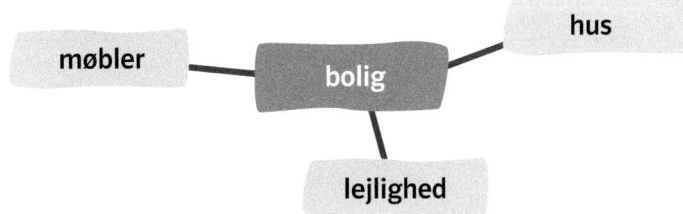

4 Hvor står møblerne? Indsæt de passende ord.

stuen | køkkenet | terrassen | badeværelset | kælderen | soveværelset | børneværelset | bryggerset | entréen

1. Lænestolen står i _____

2. Køjesengen står i _____

3. Håndvasken er i _____

4. Køleskabet står i _____

5. Tørretumbleren står i _____

6. Natbordet står i _____

7. Havemøblerne står i _____

8. Garderobeskabet står i _____

9. Grillen står på _____

B. Det nye hus

5 Skriv en tekst på mindst 100 ord om din bolig.

_____

_____

_____

_____

_____

_____

_____

_____

6 **Adjektiv eller adverbium? Sæt -t efter adverbierne.**

1. a. Manden er meget venlig___ .   b. Det er meget venlig___ af ham.

2. a. Det var en enorm god___ film.   b. Det var god___, I kunne komme.

3. a. Bilen er langsom___ .   b. Det går lidt langsom___ for tiden.

4. a. Sikke en smuk___ kjole!   b. Det var smuk___ sagt af dig.

5. a. Jan er meget høj___ .   b. Han bor meget høj___ oppe.

7 **Indsæt adverbierne på de tomme pladser.**

ud | koldt | stadigvæk | alligevel | indenfor | helt | snart

Karen sad _____ og så _____ af vinduet. Det regnede

_____ , og det var _____ . Karen var _____ glad, for

hun skulle _____ på ferie. Hun skulle _____ til Italien.

8 **Indsæt et adverbium i hver sætning.**

lidt | kun | meget | næsten | helt | ret | bare | alligevel | så | ikke | desværre | også |
måske | heldigvis | sikkert

1. Jesper er sød.   _____

2. Huset er flot.   _____

3. Jeg taler to sprog.   _____

4. Hun køber huset.   _____

5. Bogen var god.   _____

6. Jeg har ferie.   _____

9 **Find på sætninger med følgende temporale adverbier.**

1. først   _____

2. tit   _____

3. igen   _____

4. altid   _____

5. senere   _____

6. endelig   _____

C. Er der noget galt?

10 Indsæt det upersonlige subjekt *det* eller *der* i sætningerne.

1. Er du dansker? Ja, _____ er jeg.

2. Jeg hedder Maja, og _____ er min veninde, Liselotte.

3. Jeg kan ikke lide at svømme. _____ kan jeg heller ikke.

4. Må jeg få et stykke kage.   Ja, _____ må du godt.

5. _____ bliver 269 kroner.

6. Går _____ godt?   Ja, _____ går fint.

7. Er _____ vaskemaskiner i husene?

8. _____ er både sandkasse og gynger til børnene.

9. Hvad er _____ i rejsetasken?

10. Hvis _____ regner, bliver vi indenfor.

11. _____ er tilbud på bananer i dag.

12. Hvad er _____ sket?

13. Hvor ligger _____?   _____ ligger i nærheden af Sønderborg.

14. _____ tager 45 minutter med metroen.

15. Hvilket slags tog er _____?

16. Hvor langt er _____ til nærmeste købmand?

17. _____ er en god udsigt oppe fra broen.

18. Nede i gården er _____ mange børn.

19. _____ ligger en bager for enden af gaden.

20. _____ var ærgerligt!

21. Er _____ nogen ledige pladser?

22. Er _____ tilladt at tage hunde med?

23. Og _____ er Knud, som laver mad.   _____ må jeg nok sige!

24. _____ bliver en dansk-pakistansk bryllupsfest.

25. Hvad er _____ i vejen med dig?

26. Hvor gør _____ ondt?   _____ gør ondt i halsen.

27. _____ er synd for dig.

19 Fritidsaktiviteter

A. Vil du med til fest?

1 Forbind verberne med præpositionerne og substantiverne og dan udtryk for fritidsaktiviteter.

1.	surfe		restaurant
2.	gå		søen
3.	arbejde		internettet
4.	spille	i	haven
5.	sejle	på	museum
6.	tage		teatret
7.	dykke		computer
8.	ligge		byen
			telttur
			guitar
			skoven
			stranden

2 Dan sætninger af ordene.

1. at | på | sig | museum | gå | interesserer | for | han

_____

2. arbejde | lide | kan | godt | at | i | du | haven

_____?

3. hendes | surfe | internettet | er | at | på | yndlingshobby

_____

4. elsker | skoven | at | gå | i | vi

_____

3 Indsæt de manglende ord i teksten.

i | om | ved | på | fordi | hende | hele

Det er fredag, og Christa Weber er _____ arbejde. Hun sidder i kantinen,

_____ hun har frokostpause. Christa sidder og læser i en dansk avis. Hun læser

_____, hvad der sker i København i weekenden. Hun har fri _____

weekenden, og måske vil hun gå på museum eller _____ biografen. Christas kollega

Pernille Nygård sætter sig _____ siden af _____.

4 Skriv dialogen færdig.

▶ Hvad har du lyst til at lave på søndag?

Sie antworten, dass Sie das nicht wissen	◗ _____

▶ Har du lyst til at arbejde i haven?

Sie antworten, dass das langweilig ist.	◗ _____

▶ Så foreslår jeg, at vi tager i teatret.

Sie äußern, dass Sie keine Lust dazu haben.	◗ _____

▶ Vi kunne også tage på stranden, hvis vejret er godt.

Sie sagen, dass Sie das machen können, aber schlagen dann vor, eher in den Wald zu gehen.	◗ _____ _____ _____

▶ Det er en god idé!

5 Skriv udtrykkene i s-passiv.

1. at spille guitar   _____

2. at sejle med båd   _____

3. at lave mad   _____

4. at holde housewarming   _____

5. at læse en roman   _____

6 Skriv aktiviteterne i perfektum og præteritum.

infinitiv	perfektum	præteritum
1. spille tennis	_____	_____
2. arbejde i haven	_____	_____
3. læse en roman	_____	_____
4. se fjernsyn	_____	_____
5. gå i byen	_____	_____
6. tage på telttur	_____	_____
7. ligge på stranden	_____	_____
8. være indforstået	_____	_____
9. lære nye mennesker at kende	_____	_____

B. Hvad synes du om festen i går?

7 Hvilket svar passer til spørgsmålene?

1. Tror du virkelig, at jeg kan tage med?
   a. Ja, det kan du sagtens.
   b. Jo, lige præcis.

2. Det var en spændende bog, ikke?
   a. Jo, det synes jeg.
   b. Ja, det har du ret i.

3. Mener du virkelig, at du vil med i aften?
   a. Jeg er ikke enig med dig.
   b. Ja, helt sikkert.

4. Er du enig?
   a. Nej, tværtimod!
   b. Ja, det vil jeg også.

8 Indsæt de passende udtryk for enighed eller uenighed.

Det synes jeg også, det var. | Det tror jeg ikke, det gør. | Jeg er helt enig med dig. | Nej, det synes jeg ikke.

1. Jeg synes, at det var en god fest.
☺ _____

2. Jeg synes, at de der sko er grimme.
☺ _____

3. Jeg tror, at det regner i morgen.
☹ _____

4. Synes du ikke, at det var skægt i går?
☹ _____

9 Skriv sætningerne igen og begynd med *Jeg synes* eller *Jeg synes ikke.*

1. Strandferier er kedelige og uinteressante.

_____

2. Storbyferier er gode for børnefamilier.

_____

3. Det er skægt at danse til en fest.

_____

4. Mine venner er gode til at tale om sport.

_____

10 Svar på spørgsmålene med "lige nu-formen". Brug det angivne hovedverbum og ét af verberne i boksen.

sidde | gå | ligge | stå

1. ▶ Hvad laver Kristian lige nu? D *Han sidder og læser en bog.*_____ (læse en bog)

2. ▶ Hvad laver Bente lige nu? D _____ (arbejde i haven)

3. ▶ Hvad laver du lige nu? D _____ (vaske op)

4. ▶ Hvad lavede Troels lige før? D _____ (sove)

5. ▶ Hvad lavede du i aftes? D _____ (se fjernsyn)

6. ▶ Hvad lavede Julie for lidt siden? D _____ (rydde op)

C. De kom gående sammen.

11 Indsæt ordene i teksten som præsens participium *(stamme + -ende).*

forbløffe | danse | stråle | tiltrække | smile | sidde

Til Mads's housewarming kom Christa _____ gennem stuen.

Selvom Mads havde lyst til at danse med hende, blev han _____ i sofaen. Han var

_____ genert over for denne _____ pige. Senere spurgte han,

om hun ville danse med ham. Det ville hun gerne. Christa var i _____ humør i

natbussen på vej hjem. "Sikke en sød fætter du har!" sagde hun _____ til Pernille.

12 Udfyld med de rigtige adjektiver.

1. En pige, som danser, er en _____ pige.

2. En dreng, som cykler, er en _____ dreng.

3. Tre mænd, som larmer, er nogle _____ mænd.

4. To kvinder, som shopper, er nogle _____ kvinder.

5. Et barn, som _____, er et _____ barn.

13 Indsæt de passende verber i teksten.

snakkende | siddende | smilende | cyklende

1. _____ om festen drak de tre venner deres morgenkaffe.

2. Hun mødte ham _____ på cafeen.

3. _____ på en bænk gav hun ham sit telefonnummer.

4. _____ væk fra Søerne aftalte de at mødes igen.

14 Skriv de passende konjunktioner i sætningerne.

1. _____ det regner, tager vi i svømmehallen.

2. _____ hun kom hjem, ringede hun straks til Pernille.

3. Jeg læste dit brev, _____ jeg sad i toget.

4. Vi elsker at danse, _____ vi er til fest.

5. I aften skal vi i byen, _____ vi kan finde en babysitter.

6. _____ han blev siddende i stolen, spurgte hun, om han ville danse.

7. _____ vi er på ferie, spiser vi tit på restaurant.

8. _____ du spiller på guitar, kan jeg synge til.

hvis da
når

15 Find på sætninger med følgende udtryk.

1. både … og _____

2. enten … eller _____

3. hverken … eller _____

A. Vil du lave kransekage sammen med mig?

1 Hvilke ord passer ikke ind i grupperne?

nytårsaften

glasur   ingredienser   bages   sprøjte

grundlovsdag   jul

marcipan   aftenvagt   stable

sammenskudsgilde

kransekage   kaldes   hjemve

sankthans

2 Indsæt de passende præpositioner og konjunktioner i teksten.

Christa Weber er lige kommet tilbage _____ juleferie _____ sin familie i Köln. Hun har

haft fri fra hospitalet _____ juledagene, og i morgen aften har hun aftenvagt. Det var lidt trist at

sige farvel til familien, _____ hun har ellers ikke haft hjemve i de sidste måneder. Christa er glad

_____ sin nye lejlighed og for sit arbejde på Rigshospitalet. Hun har nogle gode kolleger og er

især glad for Pernille Nygård, som hun efterhånden er blevet veninde _____ . Det går også rigtig

godt _____ at tale dansk, synes hun. Christa har blot været hjemme i få timer, _____

telefonen ringer. Det er Pernille.

for   med

hos   men

fra   da   i

3 Indsæt adverbierne *ellers ikke, blot* eller *efterhånden* i sætningerne.

1. Det var _____ få dage siden, de sidst havde været sammen.

2. Hun var _____ bange for at gå til tandlægen.

3. Der havde _____ været mange besøgende på museet den dag.

4 **Brug din fantasi og skriv sætningerne færdige.**

1. Jeg ser håndbold i fjernsynet, når _____

2. Hvis du har lyst, _____

3. Selvom vejret er dårligt, _____

4. Min mand laver mad, mens _____

5. Det er dejligt at slappe af efter at _____

6. Jeg skal tidligt op i morgen, og derfor _____

7. Vi vil gerne vide, om _____

8. Jeg er ikke interesseret i vintersport, fordi _____

9. Jeg ringer til dig i morgen, så _____

B. Nytårsaften

5 **Indsæt udtrykkene, hvor de passer bedst.**

> Det er en aftale. | Tak skal du have. | Tak for sidst! | Mange tak for indbydelsen. |
> Synes du virkelig?

1. ▶ _____ ▷ Tak fordi du ville komme.

2. ▶ _____ ▷ Selv tak.

3. ▶ Velkommen tilbage! ▷ _____

4. ▶ Helt fint. Så ses vi i morgen. ▷ _____

5. ▶ Hvor ser du godt ud! ▷ _____

6 **Skriv komplimenter.**

1. ▶ Hvor _____ ! ▷ Mange tak.

2. ▶ Sikke _____ ! ▷ Tak skal du have.

3. ▶ Jeg kan virkelig godt _____ ! ▷ Kan du virkelig?

4. ▶ Det er _____ ! ▷ Det er jeg glad for, at du synes.

5. ▶ Jeg er vild med _____ ! ▷ Tusind tak.

6. ▶ Du er vel nok _____ ! ▷ Tak for komplimenten.

> håndbold → Handball
> vel nok → aber

7 Krydsogtværs med danske traditioner. Indsæt de rigtige ord i felterne.

vandret:
1. Den første søndag i påsken.
2. Den 24. december.
3. Midsommernatten kaldes også for …
4. Til jul spiser mange danskere …
5. Den, som finder mandlen i sin ris à la mande juleaften, får …

lodret:
6. Den kristne højtid, hvor børnene får chokoladeæg.
7. En sang, som synges i kirken.
8. Den 5. juni i Danmark fejres …
9. Til nytår holder Dronning Margrethe en …
10. Til nytår spiser mange danskere …

8 Læs teksterne på side 177 i *Lehrbuch* og svar *rigtigt* eller *forkert* på spørgsmålene.

	rigtigt	forkert
1. I Danmark består påske af lige så mange helligdage som i Tyskland.		
2. 5. juni er Danmarks nationaldag.		
3. Den dag hejser de fleste danskere det danske flag.		
4. Sankthansaften fejres natten mellem den 23. og 24. juni.		
5. Juleaften står danske familier foran juletræet og synger julesange og salmer.		
6. Juletræet er ofte pyntet med danske flag.		
7. Kun få danskere går i kirke i juletiden.		
8. Danskerne elsker at samles over en julefrokost.		

C. Hvis jeg var dig, ville jeg tage med.

9 **Indsæt de passende verber.**

kunne | kunne | kunne | ville | ville | ville | ville | ville | skulle | var | havde | vandt

1. Hvad _____ du sige, hvis jeg spurgte dig, om du _____ danse?

2. Hvis jeg _____ mange penge, _____ jeg købe en stor båd.

3. Du _____ vel ikke fortælle mig, hvor banegården ligger?

4. Hvis bare jeg _____ komme med på lørdag.

5. Jeg _____ ønske, at du _____ med på ferie til sommer.

6. Du _____ have spurgt mig, før du købte bilen.

7. Hvis bare jeg _____ i lotto.

8. Hvis jeg _____ ung, _____ jeg rejse jorden rundt.

10 **Skriv de irreale udsagn færdig.**

1. Hvis jeg var _____

2. Hvis jeg havde _____

3. Hvis jeg boede i _____

11 **Angiv femininumformerne og skriv en kendt personlighed for hver kategori.**

♂	♀	kendte personligheder ♂ eller ♀
konge	1. _____	_____
kronprins	2. _____	_____
helt	3. _____	_____
skuespiller	4. _____	_____

12 **Fortsæt rækkerne med rimord.**

1. land – strand – ... _____

2. dal – sal – ... _____

3. bestå – blå – ... _____

Frikvarter 4

Nachfolgend haben Sie die Möglichkeit, Ihren Wortschatz und Ihre Grammatikkenntnisse aus den Lektionen 16 bis 20 zu überprüfen. Versuchen Sie, die 7 Aufgaben in maximal 25 Minuten zu lösen. Verwenden Sie bitte auch diesmal kein Wörterbuch!

1 **Skriv verberne i den rigtige form.**

1. I overmorgen _____ *(skulle)* vi til fest hos Niels.

2. Om torsdagen _____ *(spise)* vi sammen med vores venner.

3. Blomsterne skal _____ *(vande)* dagligt.

4. Forleden _____ *(blive)* børnene passet af deres mormor.

5. Hun _____ *(spørge)* ham lang tid før, om han ville med til festen.

_____ /5 Punkte

2 **Hvilket svar passer til spørgsmålene?**

1. Hvad synes du om festen i lørdags?
   a. Jeg synes, det var skæg.
   b. Jeg synes, det var skægt.
   c. Jeg synes, det var skægtig.

2. Havde du planlagt turen lang tid før?
   a. Ja, det har jeg.
   b. Ja, det havde haft jeg.
   c. Ja, det havde jeg.

3. Hvad laver du lige nu?
   a. Jeg står og snakker i mobiltelefon.
   b. Jeg stod og snakkede i mobiltelefon.
   c. Jeg var ved at snakke i mobiltelefon.

4. Hvad lavede I i fredags, da jeg ringede?
   a. Vi sidder og ser fjernsyn.
   b. Vi sad og så fjernsyn.
   c. Vi er ved at se fjernsyn.

_____ /4 Punkte

3 **Skriv adjektiverne i den rigtige form.**

1. Jens er den _____ dreng, jeg kender. *(sød)*

2. Grammatik er det _____ ved at lære et nyt sprog. *(svær)*

3. Vi vil _____ bo i Odense end i Tønder. *(gerne)*

4. Vibeke er _____ end Hanne. *(ung)*

5. Danmarks _____ flod er Gudenåen. *(lang)*

6. Der er _____ øer i Tyskland end i Danmark. *(få)*

_____ /6 Punkte

FH-Hannover

4 **Skriv mindst fire ord til hvert tema.**

1. erhverv _____

2. computer _____

3. bolig _____

4. danske traditioner _____

___ /16 Punkte

5 **Indsæt de passende adverbier i sætningerne.**

så | igen | efterhånden | overraskende | først | altid | ellers

1. _____ skal du rydde op, og _____ kan du gå ud og lege.

2. Det var en _____ god aften.

3. Vi tog _____ til Danmark, da jeg var barn.

4. Har du prøvet at ringe til værkstedet _____?

5. Havde du _____ noget, du ville sige?

6. De var _____ blevet rigtig gode venner.

___ /7 Punkte

6 **Find på spørgsmål til svarene.**

1. ▶ _____ ◁ Nej, det tror jeg ikke.

2. ▶ _____ ◁ Ja, det tror jeg, det gør.

3. ▶ _____ ◁ Jo, det synes jeg.

___ /3 Punkte

7 **Indsæt de passende konjunktioner.**

1. Jeg foreslår, at vi _____ tager i biografen _____ går ud og spiser.

2. Jeg vil _____ gå på museum _____ gå i teatret.

3. _____ du vasker op, kan jeg nå at læse avisen.

4. Vi skal skynde os, _____ vi ikke kommer for sent.

5. _____ have gjort rent tog Sofie sig en lang pause.

efter at mens
enten ... eller
så
hverken ... eller

___ /5 Punkte

Testergebnis: ___ /46 Punkte

Grammatik

Inhalt

1 Grammatische Terminologie

Deutscher Begriff lateinischer Herkunft	Deutsches Wort	Beispiel	Begriff auf Dänisch
Adjektiv	Eigenschaftswort	*en **sød** person* *Bilerne er **røde**.*	adjektiv
Adverb	Umstandswort	*Jeg kom **i går**.* *Vi spiser frokost **hjemme**.* *Bilen kørte **langsomt**.*	adverbium
Artikel	Geschlechtswort	**en, et, den, det, de**	artikel
Demonstrativpronomen	hinweisendes Fürwort	**denne, dette, disse**	demonstrativ-pronomen
Futur	einfache Zukunft	*Vi skal til fest i morgen.*	futurum
Genitiv	Wesfall, zweiter Fall	*Kirsten**s** mand børnene**s** mormor*	genitiv
Hilfsverb	Hilfszeitwort	*Jeg **har** spist.* *Jeg **er** løbet en tur.*	hjælpeverbum
Imperativ	Befehlsform	**Skriv!** **Kom ind!**	imperativ
Indefinitpronomen	unbestimmtes Fürwort	**nogen, noget, nogle**	ubestemt pronomen
Indirekte Rede	nicht wörtliche Rede	*Hun sagde, at Per var syg.*	indirekte tale
Infinitiv	Grundform des Zeitwortes	*Jeg kan godt lide **at se** fjernsyn.*	infinitiv
Interrogativpronomen	Fragepronomen, Fragefürwort	**hvilken, hvilket, hvilke**	spørgende pronomen
Kasus	Fall	**nominativ, genitiv ...**	kasus
Komparativ	zweite Steigerungsform	**smukkere, mere moderne**	komparativ
Konjugation	Beugung		konjugation
Konjunktion	Bindewort	**og, eller, men, at, om ...**	konjunktion
Konjunktiv	Möglichkeitsform	*Hvis jeg var rig, ville jeg ...*	konjunktiv
Konsonant	Mitlaut	**b, c, d, f, g ...**	konsonant
Modalverb		**skulle, ville, måtte, kunne**	modalverbum
Negation	Verneinung	*Jeg bor **ikke** i Stuttgart.*	negation
Objekt	Satzergänzung	*Jeg ser **fjernsyn**.*	objekt
Partizip Perfekt / Partizip II	Mittelwort der Vergangenheit	*Per har **spist** æblet.*	perfektum participium

Partizip Präsens / Partizip I	Mittelwort der Gegenwart	*Hun kom **løbende** hen ad vejen.*	præsens participium
Passiv	Leideform	*Postkassen **tømmes** i dag.* *Brevet **blev sendt** i går.*	passiv
Perfekt	vollendete Gegenwart	*Vi **er rejst** til Italien* *Per **har set** fjernsyn.*	perfektum
Personalpronomen	persönliches Fürwort	**jeg, du, han, mig, dig, ham, sig ...**	personligt pronomen
Plural	Mehrzahl	**piger, drenge, mænd ...**	pluralis
Plusquamperfekt	vollendete Vergangenheit	*Vi **var rejst** til Italien.* *Per **havde set** fjernsyn.*	plusquamperfektum
Positiv	erste Steigerungsform	**smuk, moderne**	positiv
Possessivpronomen	besitzanzeigendes Fürwort	**min, din, hans, hendes, sin ...**	possessivpronomen
Prädikat	Satzaussage	*Jeg **bor** i Stuttgart.*	prædikat
Präposition	Verhältniswort	**i, på, efter, mellem, siden ...**	præposition
Präsens	einfache Gegenwart	*Lise **læser** en bog nu.*	præsens
Präteritum	einfache Vergangenheit	*Lise **læste** en bog i aftes.*	præteritum
reflexives Verb	rückbezügliches Zeitwort	**skynde sig, tabe sig ...**	refleksivt verbum
Reflexivpronomen	rückbezügliches Fürwort	**mig, dig, sig, dem ...**	refleksivt pronomen
Relativpronomen	bezügliches Fürwort	**som, der**	relativpronomen
Singular	Einzahl	**pige, dreng, mand ...**	singularis
Subjekt	Satzgegenstand	*Jeg bor i Stuttgart.*	subjekt
Substantiv, Nomen	Hauptwort	**pige, regn, øjeblik ...**	substantiv
Superlativ	dritte Steigerungsform	**smukkest, mest moderne**	superlativ
Verb	Zeitwort, Tätigkeitswort	**spise, se, kunne, være ...**	verbum
Vokal	Selbstlaut	**a, e, i, o, u, y, æ, ø, å**	vokal

2   Das Substantiv

Im Dänischen werden nur zwei Geschlechter unterschieden, Utrum (en-Wörter – männlich und weiblich) und Neutrum (et-Wörter – sächlich). Etwa 75 % aller Substantive sind en-Wörter, und sie stimmen nicht mit dem Deutschen überein.

2.1 Der unbestimmte Artikel (L3)
Der unbestimmte Artikel steht wie im Deutschen vor dem Substantiv.

en-Wörter	**en** dreng	*ein Junge*
	en pige	*ein Mädchen*
	en væg	*eine Wand*

et-Wörter	**et** bord	*ein Tisch*
	et hus	*ein Haus*
	et menneske	*ein Mensch*

2.2 Der bestimmte Artikel (L4, L10)
Die bestimmte Form der Substantive bildet man durch Anhängen des unbestimmten Artikels an die Grundform des Substantivs.
Substantiven, die auf unbetontem **-e** enden, wird entsprechend nur ein **-n** oder **-t** angehängt.
Bei einem Substantiv, das auf einer kurzen betonten Vokalsilbe endet, wird der einfache Endkonsonant verdoppelt.

	unbestimmte Form		bestimmte Form	
en-Wörter	en dreng	→	dreng**en**	*der Junge*
	en skole	→	skole**n**	*die Schule*
	en sok	→	sok**ken**	*die Socke*
et-Wörter	et bord	→	bord**et**	*der Tisch*
	et øre	→	øre**t**	*das Ohr*
	et hotel	→	hotel**let**	*das Hotel*

Wenn dem Substantiv ein Adjektiv vorausgeht, dann steht der bestimmte Artikel vor dem Adjektiv.
Er heißt dann bei en-Wörtern **den**, bei et-Wörtern **det** und im Plural **de**. (L10)

en-Wörter	dreng**en**	→	den store dreng	*der große Junge*
et-Wörter	bord**et**	→	det store skib	*das große Schiff*
Plural	hus**ene**	→	de store huse	*die großen Häuser*

2.3 Der Plural (L5, L6)
Die dänischen Substantive teilen sich für die Pluralbildung in vier Deklinationsgruppen (Beugungen) auf. Die Pluralendung wird an den Stamm angehängt.

Die unbestimmte Pluralform-Endung ist entweder **-(e)r**, **-e** oder **-** (ohne Endung). Die Endung ist unabhängig vom Geschlecht des Substantivs und ist jeweils im Wörterbuch angegeben. Eine letzte Gruppe mit unregelmäßigen Pluralformen kommt hinzu.

a. Deklination auf -(e)r (L5)

Singular		Plural	
et sted	*ein Ort*	to sted**er**	*zwei Orte*
en elefant	*ein Elefant*	to elefant**er**	*zwei Elefanten*
en skole	*eine Schule*	to skole**r**	*zwei Schulen*
et billede	*ein Bild*	to billede**r**	*zwei Bilder*

Eine Gruppe von Substantiven auf unbetontem **-el** verliert das **-e-** vor der Pluralbildung, dabei wird der Doppelkonsonant vereinfacht.

Singular		Plural	
en vaff**el**	*eine Waffel*	to vaf**ler**	*zwei Waffeln*
en gaff**el**	*eine Gabel*	to gaf**ler**	*zwei Gabeln*
en sad**el**	*ein Sattel*	to sad**ler**	*zwei Sättel*
en cyk**el**	*ein Fahrrad*	to cyk**ler**	*zwei Fahrräder*

Wie bei dem bestimmten Artikel Singular verdoppeln Substantive mit einfachem Konsonanten nach kurzem betonten Vokal den Konsonanten vor der Pluralendung.

Singular		Plural	
et hotel	*ein Hotel*	to hotel**ler**	*zwei Hotels*
en butik	*ein Laden*	to butik**ker**	*zwei Läden*
en sok	*die Socke*	to sok**ker**	*zwei Socken*
en kotelet	*das Kotelett*	to kotelet**ter**	*zwei Kotelets*

b. Deklination auf -e (L5)

Singular		Plural	
et hus	*ein Haus*	to hus**e**	*zwei Häuser*
en hund	*ein Hund*	to hund**e**	*zwei Hunde*
et skab	*ein Schrank*	to skab**e**	*zwei Schränke*
en stol	*ein Stuhl*	to stol**e**	*zwei Stuhle*

Eine Gruppe von Substantiven auf unbetontem **-er** verliert das **-e-** vor der Pluralbildung, dabei wird der Doppelkonsonant vereinfacht.

Singular		Plural	
en fætter	*ein Vetter*	to fæt**re**	*zwei Vettern*
en vinter	*ein Winter*	to vint**re**	*zwei Winter*
en finger	*ein Finger*	to fing**re**	*zwei Finger*
en søster	*eine Schwester*	to søst**re**	*zwei Schwestern*

Wie bei dem bestimmten Artikel Singular verdoppeln Substantive mit einfachem Konsonanten nach kurzem betonten Vokal den Konsonanten vor der Pluralendung.

Singular		Plural	
en kat	*eine Katze*	to kat**te**	*zwei Katzen*
en hat	*ein Hut*	to hat**te**	*zwei Hüte*

c. Deklination ohne Endung (L5)

Singular		Plural	
et år	*ein Jahr*	to år	*zwei Jahre*
en sko	*ein Schuh*	to sko	*zwei Schuhe*

d. Unregelmäßige Deklination (L6)

Singular		Plural	
et barn	*ein Kind*	to b**ø**rn	*zwei Kinder*
en and	*eine Ente*	to **æ**nder	*zwei Enten*
en fod	*ein Fuß*	to f**ø**dder	*zwei Füße*
en far	*ein Vater*	to f**æ**dre	*zwei Väter*
et øje	*ein Auge*	to øj**ne**	*zwei Augen*
et foto	*ein Foto*	to foto**s**	*zwei Fotos*
et muse**um**	*ein Museum*	to muse**er**	*zwei Museen*

e. Die bestimmte Pluralform (L6)

Die bestimmten Pluralformen der Substantive bildet man durch Anhängen von **-ne** an die unbestimmten Pluralformen. Bei den Substantiven, die ohne Pluralendung sind, wird bei der bestimmten Pluralform ein **-ene** angehängt.

unbestimmter Plural		bestimmter Plural	
to steder	→	steder**ne**	*die Orte*
to cykler	→	cykler**ne**	*die Fahrräder*
to butikker	→	butikker**ne**	*die Läden*
to huse	→	hus**ene**	*die Häuser*
to teatre	→	teatre**ne**	*die Theater*
to hatte	→	hatt**ene**	*die Hüte*
to øjne	→	øjn**ene**	*die Augen*
to sko	→	sko**ene**	*die Schuhe*
to år	→	år**ene**	*die Jahre*
to børn	→	børn**ene**	*die Kinder*

2.4 Die Groß- und Kleinschreibung

Substantive werden auf Dänisch kleingeschrieben.

Großbuchstaben schreibt man nur:
1. am Textanfang, nach Punkt, Doppelpunkt, Fragezeichen und Ausrufezeichen.
2. in Eigennamen: *Sjælland, Pernille*.
3. in Namen öffentlicher Institutionen: *Folketinget* (das dänische Parlament).
4. in folgenden Pronomen der Anrede: *I* (ihr), *De* (Sie), *Dem* (Ihnen) und *Deres* (Ihr).

3 Die Kasus

Im Deutschen gibt es vier Fälle: Nominativ (*wer?*), Genitiv (*wessen?*), Dativ (*wem?*) und Akkusativ (*wen?*). Was im Deutschen durch diese vier Fälle ausgedrückt wird, wird im Dänischen durch die Wortstellung und den Gebrauch von Präpositionen erreicht. Nur der Genitiv hat im Dänischen eine andere Form als die Grundform (Nominativ).

3.1 Der Genitiv (L4)

Der Genitiv wird sowohl bei Personennamen als auch bei Substantiven durch Anhängen von **-s** gebildet und ist für Singular und Plural gleich.

Maj**s** telefon er gul.	*Majs Telefon ist gelb.*
Louise**s** kæreste hedder Kasper.	*Louises Freund heißt Kasper.*

Endet ein Wort bereits auf **-s**, kann man entweder **-es**, **-'s** oder **-'** im Genitiv hinzufügen.

Jonas**es** bil	*das Auto von Jonas*
Jonas**'s** bil	*das Auto von Jonas*
Jonas**'** bil	*das Auto von Jonas*

4 Das Adjektiv

4.1 Das unbestimmte Adjektiv (L7, L10)

Das Adjektiv richtet sich nach dem zugehörigen Substantiv. Das unbestimmte Adjektiv hat drei Formen:
1. ohne Endung bei en-Wörtern
2. mit t-Endung bei et-Wörtern
3. mit e-Endung im Plural

	Singular	Plural
en-Wörter	en stor dreng Drengen er stor.	to store dreng**e** Drengene er stor**e**.
	der große Junge *Der Junge ist groß.*	*zwei große Jungen* *Die Jungen sind groß.*
et-Wörter	et stor**t** hus Huset er stor**t**.	to stor**e** huse Husene er stor**e**.
	ein großes Haus *Das Haus ist groß.*	*zwei große Häuser* *Die Häuser sind groß.*

Bei einigen Adjektiven gibt es folgende Besonderheiten zu beachten:

■ Auch bei Adjektiven wird ein einzelner Konsonant nach kurzem, betontem Vokal verdoppelt, wenn eine Silbe angefügt wird.

	Singular	Plural
en-Wörter	grim / smuk	grim**me** / smuk**ke**
et-Wörter	grim**t** / smuk**t**	

■ Auch Adjektive auf **-el**, **-en**, **-er** verlieren das **-e-**, wenn die Endung **-e** angehängt wird; Doppelkonsonanten werden dabei vereinfacht.

	Singular	Plural
en-Wörter	gammel / sikker / sulten	ga**mle** / si**kre** / sult**ne**
et-Wörter	gammel**t** / sikker**t** / sulten**t**	

■ Adjektive auf **-sk** und **-t** sowie einige auf **-d** erhalten im Singular bei et-Wörtern kein **-t**.

	Singular	Plural
en-Wörter	dansk / sort / glad	dansk**e** / sort**e** / glad**e**
et-Wörter	dansk / sort / glad	

■ Adjektive auf **-å** bleiben im Plural unverändert.

	Singular	Plural
en-Wörter	blå / grå	blå / grå
et-Wörter	blå**t** / grå**t**	

■ Adjektive auf **-s** und **-e** bleiben komplett unverändert.

	Singular	Plural
en-Wörter	fælles / orange	fælles / orange
et-Wörter	fælles / orange	

4.2 Das bestimmte Adjektiv (L10)

Das bestimmte Adjektiv ist sowohl im Singular als auch im Plural gleich. Es endet mit wenigen Ausnahmen auf **-e**.

	Singular	Plural
en-Wörter	den store dreng min store dreng Kirstens store dreng *der große Junge* *mein großer Junge* *Kirstens großer Junge*	de store drenge mine store drenge Kirstens store drenge *die großen Jungen* *meine großen Jungen* *Kirstens große Jungen*
et-Wörter	det store hus vores store hus Dortes store hus *das große Haus* *unser großes Haus* *Dortes großes Haus*	de store huse vores store huse Dortes store huse *die großen Häuser* *unsere großen Häuser* *Dortes große Häuser*

Auch bei der bestimmten Pluralform sind einige Besonderheiten zu beachten (schauen Sie bei den unbestimmten Formen nach).

	Singular	Plural
en-Wörter	grimme / smukke gamle / sikre / sultne danske / sorte / glade blå / grå fælles / orange	grimme / smukke gamle / sikre / sultne danske / sorte / glade blå / grå fælles / orange
et-Wörter	grimme / smukke gamle / sikre / sultne danske / sorte / glade blå / grå fælles / orange	

Ganz unregelmäßig ist das Adjektiv **lille** (klein). (L7)

	en-Wörter	et-Wörter	Plural
unbestimmte Form	en lille banan	et **lille** æble	**små** bananer/æbler
bestimmte Form	den lille banan	det lille æble	de **små** bananer/æbler

4.3 Steigerung und Vergleich (L17)

Die meisten Adjektive bilden den Komparativ auf **-ere** und den Superlativ auf **-est**.

Positiv	Komparativ	Superlativ
stærk	stærk**ere**	stærk**est**
stark	*stärker*	*am stärksten*
sød	sød**ere**	sød**est**
süß	*süßer*	*am süßesten*

- Enden die Adjektive auf einfachen Konsonanten, dem ein kurzer, betonter Vokal vorausgeht, wird der Konsonant verdoppelt.

flot	flot**tere**	flot**test**
schick	*schicker*	*am schicksten*

- Adjektive auf **-ig** und **-som** bilden den Superlativ auf **-st** statt **-est**.

dejlig	dejlig**ere**	dejlig**st**
schön	*schöner*	*am schönsten*
morsom	morsom**mere**	morsom**st**
lustig	*lustiger*	*am lustigsten*

- Mehrsilbige Adjektive, Adjektive auf **-en**, Partizipien sowie zweisilbige Adjektive auf **-sk** werden mit **mere** (*mehr*) und **mest** (*am meisten*) gesteigert.

musikalsk	**mere** musikalsk	**mest** musikalsk
musikalisch	*musikalischer*	*am musikalischsten*
tiltrækkende	**mere** tiltrækkende	**mest** tiltrækkende
anziehend	*anziehender*	*am anziehendsten*
tålmodig	**mere** tålmodig	**mest** tålmodig
geduldig	*geduldiger*	*am geduldigsten*
voksen	**mere** voksen	**mest** voksen
erwachsen	*erwachsener*	*am erwachsensten*

Die bestimmte und unbestimmte Form des Komparativs ist im Singular und Plural identisch.

unbestimmt		bestimmt	
en stærk**ere** mand	*ein stärkerer Mann*	Manden er stærk**ere**.	*Der Mann ist stärker.*
et sød**ere** æble	*ein süßerer Apfel*	Æblet er sød**ere**.	*Der Apfel ist süßer.*
nogle sød**ere** æbler	*einige süßere Äpfel*	Æblerne er sød**ere**.	*Die Äpfel sind süßer.*

Im Superlativ wird in der bestimmten Form ein **-e** angehängt, sowohl im Singular als auch im Plural.

unbestimmt		bestimmt	
Han er stærkest.	*Er ist der Stärkste.*	den stærkest**e** mand	*der stärkste Mann*
Det er sødest.	*Es ist das Süßeste.*	det sødest**e** æble	*der süßeste Apfel*
De er sødest.	*Sie sind die Süßesten.*	de sødest**e** æbler	*die süßesten Äpfel*

4.4 Steigerung und Vergleich (unregelmäßig)

Positiv	Komparativ	Superlativ	
gammel	ældre	ældst	*alt*
god	bedre	bedst	*gut*
få	færre	færrest	*wenige*
lang	længere	længst	*lang*
lille	mindre	mindst	*klein*
lidt	mindre	mindst	*wenig*
mange	flere	flest	*viele*
meget	mere	mest	*viel*
nær	nærmere	nærmest	*nah*
slem/dårlig	værre	værst	*schlimm*
stor	større	størst	*groß*
ung	yngre	yngst	*jung*

5 Das Adverb

Adverbien beschreiben, wann, wo und/oder wie etwas geschieht. Adverbien werden dabei nach ihrer Bedeutung unterschieden.

5.1 Modale Adverbien (L18)
Die modalen Adverbien dienen zur Antwort auf die Frage **hvordan?** (*wie?*). Sie werden oft von einem **Adjektiv + t** gebildet.

Beispiele: Du taler **godt** dansk. / Bilen kører meget **hurtigt**. / Han spørger **høfligt**.

dejligt	*schön*	koldt	*kalt*
flot	*schick*	kort	*kurz*
forsigtigt	*vorsichtig*	sikkert	*sicher*
godt	*gut*	langsomt	*langsam*
hurtigt	*schnell*	smukt	*schön*
høfligt	*höflich*	venligt	*freundlich*

5.2 Temporale Adverbien (L11, L18)
Die temporalen Adverbien dienen zur Antwort auf die Frage **hvornår?** (*wann?*).

Beispiele: Festen er **snart** forbi. / Det er **endnu** for tidligt. / Hvad laver du **bagefter**?

af og til	ab und zu	i går	gestern
aldrig	nie	lige	gerade
allerede	schon	nu	jetzt
altid	immer	ofte / tit	oft
bagefter	danach, später	pludselig	plötzlich
derefter	danach	senere	später
endelig	endlich	sjældent	selten
endnu	noch	snart	bald
før	früher, vorher	somme tider	manchmal
først	erst	stadigvæk	immer noch
i dag	heute	straks	sofort
igen	wieder	så	dann

5.3 Ortsadverbien (L11)
Die Ortsadverbien dienen zur Antwort auf die Fragen **hvorhen?** oder **hvor?** (*wohin?, wo?*) und sind folglich mit Bewegung und Stillstand verbunden.

Beispiele: Jeg går **ind** på mit værelse. / **Inde** på mit værelse har jeg fred og ro.

wohin?		wo?	
frem	vor, vorwärts	fremme	vorne
hen	hin	henne	da
hjem	nach Hause	hjemme	zu Hause
ind	hinein	inde	drinnen
ned	hinunter	nede	unten
ud	hinaus	ude	draußen
op	hinauf	oppe	oben
over	hinüber	ovre	drüben

5.4 Adverbien der Menge (L18)

Die Adverbien der Menge dienen der Antwort auf die Frage **hvor meget?** (*wie viel?*).

Beispiele: Han er **kun** 8 år gammel. / Det er **helt** forkert. / Jeg er **temmelig** glad for min hund.

alligevel	*dennoch*	lige	*gleich*
bare	*bloß*	meget	*viel*
dog	*doch*	næsten	*fast*
for	*zu*	ret	*ziemlich*
ganske	*ziemlich*	sandsynligvis	*wahrscheinlich*
helt	*ganz*	sædvanligvis	*normalerweise*
kun	*nur*	så	*so*
lidt	*wenig*	vistnok	*vermutlich*

5.5 Zustimmende/verneinende Adverbien (L18)

Die zustimmenden/verneinenden Adverbien dienen nicht der Antwort auf eine bestimmte Gruppe von Fragen. Sie drücken vielmehr eine Zustimmung oder Ablehnung aus.

Beispiele: Vi kommer **nok** i morgen. / **Desværre** har jeg ikke tid. / Vil du **også** med?

desværre	*leider*	måske	*vielleicht*
gerne	*gern*	nemlig	*nämlich*
heldigvis	*glücklicherweise*	nok	*wohl*
heller ikke	*auch nicht*	også	*auch*
ikke	*nicht*	til gengæld	*stattdessen*

6   Die Pronomen

6.1 Personalpronomen

Bei den Personalpronomen kommen nur zwei Kasus vor, der Subjektkasus (auf die Frage *wer?*) und der Objektkasus (nach Präpositionen und auf die Fragen *wen? wem?*).

Die Pronomen **han** und **hun** beziehen sich auf Personen, **den** (en-Wörter) und **det** (et-Wörter) hingegen auf Gegenstände.
In der höflichen Anrede verwendet man wie im Deutschen die 3. Person Plural großgeschrieben: **De** (Sie). Diese Form wird nicht sehr häufig verwendet.

		Subjekt (L2)		Objekt (L7, L8)	
Singular	1.	jeg	*ich*	mig	*mich, mir*
	2.	du	*du*	dig	*dich, dir*
	(formell)	De	*Sie*	Dem	*Sie, Ihnen*
	3.	han	*er*	ham	*ihn, ihm*
		hun	*sie*	hende	*sie, ihr*
		den/det	*es*	den/det	*es, ihm*
Plural	1.	vi	*wir*	os	*uns*
	2.	I	*ihr*	jer	*euch*
	(formell)	De	*Sie*	Dem	*Sie, Ihnen*
	3.	de	*sie*	dem	*sie, ihnen*

6.2 Possessivpronomen (L4, L5, L13, L14)

Die Possessivpronomen haben als Subjekt und Objekt dieselbe Form und werden nicht wie im Deutschen nach dem Kasus gebeugt. Sie richten sich nach dem zugehörigen Substantiv.

Besitz \ Besitzer		Singular			Plural	
		en-Wörter		et-Wörter		
Singular	1.	min	*mein(e)*	mit	mine	*meine*
	2.	din	*dein(e)*	dit	dine	*deine*
Plural	1.	vores	*unser(e)*	vores	vores	*unsere*
	2.	jeres	*euer(e)*	jeres	jeres	*eure*
	(formell)	Deres	*Ihr(e)*	Deres	Deres	*Ihre*
	3.	deres	*ihr(e)*	deres	deres	*ihre*

3. Person Singular (L14)

In der 3. Person Singular werden zwei Arten von Possessivpronomen unterschieden, je nachdem ob der Besitzer zugleich auch Subjekt des Satzes ist oder nicht. Ist der Besitzer zugleich Subjekt, so richtet sich das Pronomen in Geschlecht und Zahl nach dem Besitztum.

Singular			Plural	
en-Wörter		et-Wörter		
sin	*sein(e)/ihr(e)*	sit	sine	*seine*

Han vasker **sin** bil.	*Er wäscht sein (eigenes) Auto.*
Hun vasker **sin** bil.	*Sie wäscht ihr (eigenes) Auto.*
Han spiser **sit** æble.	*Er isst seinen (eigenen) Apfel.*
Hun spiser **sit** æble.	*Sie isst ihren (eigenen) Apfel.*
Han læser **sine** bøger.	*Er liest seine (eigenen) Bücher.*
Hun læser **sine** bøger.	*Sie liest ihre (eigenen) Bücher.*

Ist der Besitzer aber nicht Subjekt des Satzes, dann richtet sich das Pronomen in Geschlecht und Zahl nach dem Besitzer.

Maskulinum	hans	*sein(e)*
Femininum	hendes	*ihr(e)*

Han vasker **hans** bil.	*Er wäscht sein Auto. (Das Auto gehört einem anderen Mann.)*
Hun vasker **hendes** bil.	*Sie wäscht ihr Auto. (Das Auto gehört einer anderen Frau.)*
Hun spiser **hans** æble.	*Sie isst seinen Apfel. (Der Apfel gehört einem Mann.)*
Han læser **hendes** bøger.	*Er liest ihre Bücher. (Die Bücher gehören einer Frau.)*
Hun læser **deres** bøger.	*Sie liest ihre Bücher. (Die Bücher gehören einfach mehreren Personen.)*

6.3 Demonstrativpronomen (L11)

In der Schriftsprache verwendet man Demonstrativpronomen, um einer Person oder einer Sache im Kontext eine stärkere Betonung zuzuordnen und eine gewisse Wichtigkeit der Person oder der Sache hervorzuheben. In der gesprochenen Sprache werden für diese grammatikalische Funktion jedoch häufiger Kombinationen von **Pronomen + Adverb** verwendet.

	in der Nähe		in der Ferne	
	schriftlich / mündlich		schriftlich / mündlich	
en-Wörter	denne / den her	*diese(r/s), die hier, der hier, das hier*	den / den der	*jene(r/s), die da, der da, das da*
et-Wörter	dette / det her		det / det der	
Plural	disse / de her		de / de der	

6.4 Relativpronomen (L12)

Die gebräuchlichsten Relativpronomen sind die unveränderlichen **som** und **der**. Wenn **som** nicht Subjekt des Satzes ist, kann es weggelassen werden. Das Relativpronomen **der** kann nur als Subjekt des Satzes stehen und nie weggelassen werden.

Huset, **som/der** ligger på Strandvejen, er gult.	*Das Haus, das auf dem Strandvejen liegt, ist gelb.*
Huset, **som** vi bor i, er gult. / Huset, vi bor i, er gult.	} *Das Haus, in dem wir wohnen, ist gelb.*

De æbler, **som/der** er røde, smager bedst.	*Die Äpfel, die rot sind, schmecken am besten.*
De æbler, **som** jeg købte i går, smager bedst. / De æbler, jeg købte i går, smager bedst.	} *Die Äpfel, die ich gestern gekauft habe, schmecken am besten.*

6.5 Reflexivpronomen (L15)

Das Reflexivpronomen entspricht in der 1. und 2. Person der Objektform des Personalpronomens (**mig**, **dig**, **os**, **jer**), in der 3. Person heißt es **sig**.

Singular	jeg		**mig**	*ich freue mich*
	du		**dig**	*du freust dich*
	De		**Dem**	*Sie freuen sich*
	han		**sig**	*er freut sich*
	hun	glæder	**sig**	*sie freut sich*
Plural	vi		**os**	*wir freuen uns*
	I		**jer**	*ihr freut euch*
	De		**Dem**	*Sie freuen sich*
	de		**sig**	*sie freuen sich*

6.6 Indefinitpronomen (unbestimmtes Pronomen) (L12)

Das Indefinitpronomen bezeichnet eine unbestimmte Person oder Sache und steht mit der unbestimmten Form von Adjektiv und Substantiv. Im Singular benutzt man bei en-Wörtern (**ikke**) **nogen** und bei et-Wörtern (und nicht zählbaren Wörtern) (**ikke**) **noget**. Im Singular werden (**ikke**) **nogen/noget** nur bei verneinten Sätzen und Fragen verwendet. Im Plural verwendet man **nogle** (für Aussagen), **ikke nogen** (für verneinte Sätze) und **nogen** (für Fragen).

Jeg har **ikke nogen** hat.	*Ich habe keinen Hut.*
Har du **nogen** hat?	*Hast du einen Hut?*

Jeg har **ikke noget** hus.	*Ich habe kein Haus.*
Har du **noget** hus?	*Hast du ein Haus?*

Vi har **nogle** venner i Esbjerg.	*Wir haben einige Freunde in Esbjerg.*
Vi har **ikke nogen** venner i Esbjerg.	*Wir haben keine Freunde in Esbjerg.*
Har I **nogen** venner i Esbjerg?	*Habt ihr einige Freunde in Esbjerg?*

6.7 Das unpersönliche Subjekt (L18)

→ Seite 163 im Lehrbuch

6.8 Fragepronomen und Fragewörter (L9)

Die Fragepronomen **hvilken/hvilket/hvilke** können bei Fragen allein stehen oder attributiv verwendet werden.

▶ Kender du den nye film med Iben Hjejle?	▶ Kennst du den neuen Film mit Iben Hjejle?
▷ **Hvilken**?	▷ Welchen?
▶ **Hvilken** film kan du bedst lide?	▶ Welchen Film magst du am liebsten?

▶ Husk dit nye slips.	▶ Denk an deine neue Krawatte.
▷ **Hvilket**?	▷ Welche?
▶ **Hvilket** slips skal jeg tage på?	▶ Welche Krawatte soll ich anziehen?

▶ Har du set de nye afsnit af *Rejseholdet*?	▶ Hast du die neuen Folgen von *Rejseholdet* gesehen?
▷ **Hvilke**?	▷ Welche?
▶ **Hvilke** afsnit af *Rejseholdet* har du set?	▶ Welche Folgen von *Rejseholdet* hast du gesehen?

Fragewörter

hvem	*wer*	hvorhen	*wohin*
hvad	*was*	hvor længe	*wie lange*
hvor	*wo*	hvor mange	*wie viele*
hvordan	*wie*	hvor meget	*wie viel*
hvorfor	*warum*	hvornår	*wann*

7   Die Zahlen (L1, L2, L3, L4, L8)

	Grundzahlen	Ordnungszahlen			Grundzahlen	Ordnungszahlen
1	en, et	første		11	elleve	ellevte
2	to	anden		12	tolv	tolvte
3	tre	tredje		13	tretten	trettende
4	fire	fjerde		14	fjorten	fjortende
5	fem	femte		15	femten	femtende
6	seks	sjette		16	seksten	sekstende
7	syv	syvende		17	sytten	syttende
8	otte	ottende		18	atten	attende
9	ni	niende		19	nitten	nittende
10	ti	tiende		20	tyve	tyvende

	Grundzahlen	Ordnungszahlen
21	enogtyve	enogtyvende
22	toogtyve	toogtyvende
23	treogtyve	treogtyvende
24	fireogtyve	fireogtyvende
25	femogtyve	femogtyvende
26	seksogtyve	seksogtyvende
27	syvogtyve	syvogtyvende
28	otteogtyve	otteogtyvende
29	niogtyve	niogtyvende
30	tredive	tredivte
31	enogtredive	enogtredivte

40	fyrre
50	halvtreds
60	tres
70	halvfjerds
80	firs
90	halvfems
100	(et) hundrede
101	(et) hundrede og en/et
105	(et) hundrede og fem
150	(et) hundrede og halvtreds
200	to hundrede
300	tre hundrede
700	syv hundrede
800	otte hundrede
900	ni hundrede
1000	(et) tusind
2000	to tusind
2100	to tusind et hundrede
1.000.000	en million

Die Ordnungszahlen werden bei
Datumsangaben benutzt.

04.03.2010
→ den **fjerde** i **tredje** to tusind og ti

17.11.1981
→ den **syttende** i **ellevte** nitten hundrede og enogfirs

8   Das Verb

8.1 Die Konjugation (Beugung) (L1, L5, L9, L16, L20)

a. Der Infinitiv (Grundform) fast aller Verben endet auf **-e**. Vor dem Infinitiv steht **at**. (L1)
   at lær**e**   *lernen*

b. Die meisten dänischen Verben werden im Präsens nach dem folgenden Muster gebeugt:
   Stamm + -er/-r. Es gibt für alle Personen nur eine Form. (L1)
   jeg/du/han/hun/den/det/vi/I/de lær**er**
      ich lerne/du lernst/er lernt/sie lernt/wir lernen/ihr lernt/sie lernen

c. In den Vergangenheitsformen teilen sich die Verben in schwache und starke/unregelmäßige
   Verben. Die schwachen Verben bilden das Präteritum durch die Endung **-ede** oder **-te** und das
   Partizip Perfekt durch die Endung **-(e)t** (wie auf Deutsch *reisen-reiste-gereist*). (L9)
   at arbejde → arbejd**ede**   *arbeiten → arbeitete*
   at lede → led**te**   *suchen → suchte*

   Die starken/unregelmäßigen Verben bilden die Vergangenheitsformen oft durch **Ablaut** (Vokal-
   änderung, wie auf Deutsch *singen-sang-gesungen*) und haben fast alle nur eine Silbe in der
   Präteritumform. Das Partizip Perfekt endet wie bei den schwachen Verben auf **-(e)t**.
   at s**y**nge – s**a**ng – s**u**ng**et**

d. Perfekt und Plusquamperfekt werden wie im Deutschen gebildet: mit dem Präsens bzw. dem Präteritum von **at være** *(sein)* und meistens mit **at have** *(haben)* plus dem **Partizip Perfekt** (Stamm + -(e)t). (L9, L16)

jeg **har** arbejd**et** / jeg **havde** arbejd**et**	*ich habe gearbeitet / ich hatte gearbeitet*
jeg **er** rejs**t** / jeg **var** rejs**t**	*ich bin gereist / ich war gereist*

e. Das Futur wird mit dem Präsens von **at skulle** *(sollen/müssen)* und dem **Infinitiv** gebildet. In vielen Fällen wird die Zukunft durch das **Präsens** mit einer **Präposition** oder einem **Zeitausdruck** konstruiert. (L5)

Jeg skal rejse til Frankrig.	} Ich werde nach Frankreich reisen.
Jeg rejser til Frankrig.	
Jeg skal købe ind.	} Ich werde (morgen) einkaufen gehen.
Jeg køber ind i morgen.	

Zeitausdrücke, die das Futur ausdrücken sind z. B.:

| i aften | i weekenden | på mandag | om lidt | om en time | til vinter | til oktober | (til) næste år |

f. Der Konjunktiv wird im Dänischen entweder mit der Präteritumform oder mit **ville + Infinitiv** ausgedrückt. (L20)

Du **kunne** vel ikke ringe til mormor i morgen?	*Könntest du bitte morgen Großmutter anrufen.*
<u>Bare</u> vi ikke **skulle** på ferie.	*Wenn wir nur nicht in Urlaub fahren sollten.*
<u>Hvis</u> jeg **var** dig, **ville** jeg **blive** hjemme.	*Wenn ich du wäre, würde ich zu Hause bleiben.*

8.2 Liste der wichtigsten unregelmäßigen Verben

Alle Perfektformen werden mit dem Verb **have** verbunden, wenn nicht anderes angegeben ist.

Infinitiv	Präsens	Präteritum	Perfekt	
afgå	afgår	afgik	afgået	*abfahren*
afgøre	afgør	afgjorde	afgjort	*entscheiden*
ankomme	ankommer	ankom	(er) ankommet	*ankommen*
ansætte	ansætter	ansatte	ansat	*anstellen*
bede	beder	bad	bedt	*bitten*
beholde	beholder	beholdt	beholdt	*behalten*
beskrive	beskriver	beskrev	beskrevet	*beschreiben*
bestå	består	bestod	bestået	*bestehen*
betyde	betyder	betød	betydet	*bedeuten*
blive	bliver	blev	(er) blevet	*werden, bleiben*
bringe	bringer	bragte	bragt	*bringen*
burde	bør	burde	burdet	*sollen*
deltage	deltager	deltog	deltaget	*teilnehmen*

drikke	drikker	drak	drukket	*trinken*
falde	falder	faldt	(er) faldet	*fallen*
finde	finder	fandt	fundet	*finden*
flyve	flyver	fløj	(er) fløjet	*fliegen*
forbinde	forbinder	forbandt	forbundet	*verbinden*
foreslå	foreslår	foreslog	foreslået	*vorschlagen*
forstå	forstår	forstod	forstået	*verstehen*
fortsætte	fortsætter	fortsatte	fortsat	*fortsetzen*
fortælle	fortæller	fortalte	fortalt	*erzählen*
fremgå	fremgår	fremgik	fremgået	*hervorgehen*
fryse	fryser	frøs	frosset	*frieren*
færdiggøre	færdiggør	færdiggjorde	færdiggjort	*fertig stellen*
få	får	fik	fået	*bekommen*
gentage	gentager	gentog	gentaget	*wiederholen*
gide	gider	gad	gidet	*mögen*
give	giver	gav	givet	*geben*
gælde	gælder	gjaldt	gjaldt	*gelten*
gøre	gør	gjorde	gjort	*tun, machen*
gå	går	gik	(er) gået	*gehen*
have	har	havde	haft	*haben*
hedde	hedder	hed	heddet	*heißen*
hjælpe	hjælper	hjalp	hjulpet	*helfen*
holde	holder	holdt	(er/har) holdt	*halten*
komme	kommer	kom	(er) kommet	*kommen*
kunne	kan	kunne	kunnet	*können*
lade	lader	lod	ladet/ladt	*lassen*
ligge	ligger	lå	ligget	*liegen*
lyde	lyder	lød	lydt	*klingen, sich anhören*
lægge	lægger	lagde	lagt	*legen*
løbe	løber	løb	(er) løbet	*laufen*
modtage	modtager	modtog	modtaget	*empfangen*
mødes	mødes	mødtes	mødtes	*sich treffen*
måtte	må	måtte	måttet	*dürfen, müsen*
nyde	nyder	nød	nydt	*genießen*
nyse	nyser	nøs/nyste	nyst	*niesen*
oversætte	oversætter	oversatte	oversat	*übersetzen*
ryge	ryger	røg	røget	*rauchen*

række	rækker	rakte	rakt	*reichen*
se	ser	så	set	*sehen*
sidde	sidder	sad	siddet	*sitzen*
sige	siger	sagde	sagt	*sagen*
ske	sker	skete	(er) sket	*geschehen*
skrive	skriver	skrev	skrevet	*schreiben*
skulle	skal	skulle	skullet	*sollen, müssen*
skyde	skyder	skød	skudt	*schießen*
skændes	skændes	skændtes	skændtes	*sich zanken*
skære	skærer	skar	skåret	*schneiden*
slå	slår	slog	slået	*schlagen*
sove	sover	sov	sovet	*schlafen*
spørge	spørger	spurgte	spurgt	*fragen*
stige	stiger	steg	(er) steget	*steigen*
stå	står	stod	stået	*stehen*
synes	synes	syntes	syntes	*der Meinung sein*
synge	synger	sang	sunget	*singen*
sælge	sælger	solgte	solgt	*verkaufen*
sætte	sætter	satte	sat	*setzen*
tage	tager	tog	taget	*nehmen*
tilbyde	tilbyder	tilbød	tilbudt	*anbieten*
tiltrække	tiltrækker	tiltrak	tiltrukket	*anziehen*
træde	træder	trådte	trådt	*treten*
træffe	træffer	traf	truffet	*treffen*
trække	trækker	trak	trukket	*ziehen*
tælle	tæller	talte	talt	*zählen*
vide	ved	vidste	vidst	*wissen*
ville	vil	ville	villet	*wollen*
vinde	vinder	vandt	vundet	*gewinnen*
vælge	vælger	valgte	valgt	*wählen*
være	er	var	været	*sein*

8.3 Der Imperativ (L2)

Der Imperativ ist immer identisch mit dem Stamm.

at skrive ➔ **skriv!**   *Schreib! Schreibt! Schreiben Sie!*

8.4 Das Passiv (L16)

Im Dänischen gibt es im Präsens ein einfaches und ein zusammengesetztes Passiv.
Das einfache Passiv wird durch das Anhängen der Endung **-s** an den Infinitiv gebildet.
Das zusammengesetzte Passiv wird mit einer Form des Verbs **blive** *(werden)* + **Partizip Perfekt**
(Stamm + -(e)t) gebildet.

Mit dem einfachen s-Passiv im Präsens werden regelmäßig vorkommende Handlungen und
andauernde, nicht abgeschlossene Handlungen bezeichnet. Mit dem zusammengesetzten Passiv
mit **blive** dagegen werden einzelne, abgeschlossene Handlungen bezeichnet. Diese Passivform wird
vor allem in der Umgangssprache und in den zusammengesetzten Zeiten, in denen das einfache
Passiv nicht möglich ist, gebraucht.

	s-Passiv	Passiv mit *blive*	
Präsens	Bilen **vaskes**.	Bilen **bliver** vask**et**.	*Das Auto wird gewaschen.*
Präteritum		Bilen **blev** vask**et**.	*Das Auto wurde gewaschen.*
Perfekt		... **er blevet** ~	*Das Auto ist gewaschen worden.*
Plusquamperfekt		... **var blevet** ~	*Das Auto war gewaschen worden.*
Futur		... **vil blive** ~	*Das Auto wird gewaschen werden.*

8.5 Konstruktionen mit zwei Verbformen (L19)

➔ Seite 169 im Lehrbuch

8.6 Partizip Präsens (L19)

➔ Seite 170 im Lehrbuch

9 Die Verwendung der Zeitformen

Die Verwendung der Zeitformen im Dänischen entspricht – mit zwei wichtigen Ausnahmen –
derjenigen in der deutschen Sprache.

1. **Perfekt auf Deutsch, Präteritum auf Dänisch** (L9, L13)
Beim Erzählen wird im Deutschen häufig auch das Perfekt benutzt, im Dänischen nur das Präteritum.

I går **var** jeg i biografen, og bagefter **spiste** vi på restaurant.	Gestern **bin** ich im Kino **gewesen**, und danach **sind** wir essen **gegangen**.

2. **Perfekt auf Dänisch, Präsens auf Deutsch** (L14)
Im Dänischen wird das Perfekt verwendet, wenn zum einen ein Vorgang in der Vergangenheit
angefangen hat und noch andauert. Zum anderen wird das Perfekt verwendet, um die Relevanz
eines Ergebnisses für den jetzigen Zeitpunkt zu betonen.

Hun **har arbejdet** som lærer i ti år.	Sie **arbeitet** seit zehn Jahren als Lehrerin.
Vi **har boet** i Virum siden 1988.	Wir **wohnen** schon seit 1988 in Virum.

Präteritum oder Perfekt? (L13, L14)

Man benutzt das Perfekt,

- wenn der Zeitpunkt nicht definiert ist.
  (*Peter har lavet lektier.*)
- wenn man eine Frage stellt, die allgemein auf die Vergangenheit Bezug nimmt.
  (*Har du haft en god ferie?*)

Wörter, die eine unbestimmte Zeit ausdrücken und daher das **Perfekt** verlangen, sind z. B.:

altid | aldrig | tit | lige | endnu ikke | én gang | mange gange | hele dagen | i dag | i fire dage

Man benutzt das Präteritum,

- wenn es um einen bestimmten Zeitpunkt oder Zeitraum in der Vergangenheit geht.
  (*Vi var altid på ferie i Danmark, da jeg var barn.*)
- wenn eine Zeitbestimmung in der Vergangenheit vorhanden ist.
  (*For to uger siden var jeg til læge.*)

Wörter, die einen bestimmten Zeitpunkt ausdrücken und auf die das **Präteritum** folgt, sind z. B.:

for fem minutter siden | i morges | i går aftes | i forgårs | i onsdags | for tre uger siden | sidste år

10 Die Präpositionen (L4, L7, L11)

Die Präpositionen sind unflektierbare und meist unbetonte Wörter. In der Regel stehen sie vor Substantiven oder Pronomen in der Objektform. Man kann die Präpositionen in Bedeutungsgruppen einteilen.

Ort, Ortsangaben, Richtung

bag(ved)	*hinter*	langs	*entlang, längs*
efter	*hinter*	om	*um*
fra	*von, aus*	over	*über*
gennem	*durch*	på	*auf, an*
hos	*bei*	til	*nach, zu*
i	*in*	under	*unter*
(i)mellem	*zwischen*	ved	*bei, an*

Zeit

efter	*nach*	på	*an, in*
fra	*von*	siden	*seit*
for	*vor*	til	*bis*
i	*seit, an, vor*	under	*während*
om	*in*	ved	*um*

Art und Weise, Mittel, Material

af	aus	med	mit
efter	nach	på	auf
for	für	under	unter
gennem	durch	uden	ohne
i	in	ved	bei

Ursache, Zweck

af	aus, von	over	über
efter	nach	på	auf, zu
for	um, zu	til	zu, auf
om	um		

Beispiele:

Vi er på ferie **i** Danmark.	(Ort)	*Wir sind im Urlaub in Dänemark.*
Vi holder ferie **i** fem dage.	(Zeit)	*Wir werden fünf Tage Urlaub machen.*
Han er klædt helt **i** silke.	(Material)	*Er ist ganz in Seide gekleidet.*

Der er mange biler **på** vejen.	(Ort)	*Es sind viele Autos auf der Straße.*
På søndag har jeg fri fra skole.	(Zeit)	*Am Sonntag habe ich keine Schule.*
Prøv at sige det **på** dansk.	(Art und Weise)	*Versucht, es auf Dänisch zu sagen.*
Det er så enden **på** historien.	(Zweck)	*Das ist dann das Ende der Geschichte.*

11 Die Konjunktionen (L12, L15, L16, L19, L20)

Konjunktionen werden auch Bindewörter genannt, weil sie Wörter, Satzteile oder Sätze miteinander verbinden.

at	dass	hverken … eller	weder … noch
både … og	sowohl … als auch	hvis	falls
da	als (zeitlich)	(i)mens	während
efter at	nachdem	(ind)til	bis
eller	oder	men	aber
end	als (vergleichend)	når	wenn
enten … eller	entweder … oder	selvom	obwohl
for	denn	som	wie
fordi	weil, da	så	so dass

12 Die Wortstellung

Im dänischen Hauptsatz steht, wie im Deutschen, das finite Verb (Prädikat) immer an zweiter Stelle.

a. Aussagesatz (L1)

Subjekt	Verb	(Adverb)	Objekt	Adverbiale / Nebensatz
Per	ser	(ikke / tit)	fjernsyn	om aftenen.
Per	*schaut*	*(nicht / oft)*	*fern*	*abends.*
Vi	spiser	(ikke / tit)	på restaurant	, når det regner.
Wir	*essen*	*(nicht / oft)*	*im Restaurant*	*, wenn es regnet.*

b. Inversion (L6)

Adverbiale / Nebensatz	Verb	Subjekt	(Adverb)	Objekt
Om aftenen	ser	Per	(ikke / tit)	fjernsyn.
Abends	*schaut*	*Per*	*(nicht / oft)*	*fern.*
Når det regner,	spiser	vi	(ikke / tit)	på restaurant.
Wenn es regnet,	*essen*	*wir*	*(nicht / oft)*	*im Restaurant.*

Wie im Deutschen wandert das Subjekt an die dritte Stelle, wenn ein anderes Satzglied die erste Stelle einnimmt.

c. Perfekt und Plusquamperfekt (L13, L16)

Subjekt	Hilfsverb	(Temporaladverb)	Hauptverb	Objekt
Peter	har	(aldrig)	vasket	sin bil.
Peter	*hat*	*(nie)*	*sein Auto*	*gewaschen.*
			Objekt	**Hauptverb**

Adverbiale	Hilfsverb	Subjekt	Hauptverb	Objekt
I dag	har	Per	vasket	sin bil.
Heute	*hat*	*Per*	*sein Auto*	*gewaschen.*
			Objekt	**Hauptverb**

d. Fragesatz (L1)

Fragewort	Verb	Subjekt	Temporaladverb / Nebensatz
Hvor	spiser	vi	i aften?
Wo	*essen*	*wir*	*heute Abend?*
Hvor	spiser	vi	, hvis det regner?
Wo	*essen*	*wir*	*, wenn es regnet?*

Im Fragesatz mit Fragewort (W-Frage) steht das Fragewort an erster Stelle und das Subjekt steht an der dritten Stelle (wie bei der Inversion).

Verb	Subjekt	(Verneinung)	Temporaladverb / Nebensatz
Spiser	vi	(ikke)	på restaurant i aften?
Essen	*wir*	*(nicht)*	*im Restaurant heute Abend?*
Spiser	vi	(ikke)	på restaurant, hvis det regner?
Essen	*wir*	*(nicht)*	*im Restaurant, wenn es regnet?*

Nur bei Fragesätzen ohne Fragewort (Verb-Frage) steht das Verb an erster Stelle.

e. Nebensatz (L6, L12, L15, L16, L19, L20)

	Subjekt		Verb	Objekt / Adverbiale
	Per		ser	fjernsyn.
	Per		*schaut*	*fern.*
Jeg er glad, fordi	Per		laver	mad.
Ich bin froh, weil	*Per*	*essen*	*kocht.*	
Filmen, som	han		så	i går, …
Der Film, den	*er*	*gestern*	*sah, …*	

f. Indirekte Rede (L15)

Einleitung	Subjekt	(Verneinung)	Verb	Objekt
Per siger, at	han	(ikke)	har	interesse.
Per sagt, dass	*er*	*(kein)*	*Interesse*	*hat.*
			Objekt	Verb

Einleitung	Subjekt	(Verneinung)	Verb	Objekt
Pia spørger, om	Lars	(ikke)	har	ondt i hovedet.
Pia fragt, ob	*Lars*	*(nicht)*	*Kopfschmerzen*	*hat.*
			Objekt	Verb

Einleitung	Subjekt	(Verneinung)	Verb	Objekt
Lars vil gerne vide, om	Per og Pia	(ikke)	havde	ferie.
Lars möchte wissen, ob	*Per und Pia*	*(nicht)*	*Urlaub*	*hatten.*
			Objekt	Verb

Alphabetische Wortliste

In dieser Wortliste finden Sie den behandelten Wortschatz von Lehr- und Arbeitsbuch alphabetisch geordnet. Die Wörter aus den Landeskundeteilen des Lehrbuchs sind nicht aufgenommen, es sei denn, sie stammen aus den Aufgaben (mit **L** gekennzeichnet). Zusammengesetzte Substantive sind nur dann aufgeführt, wenn sich die Bedeutung nicht aus den einzelnen Teilen ergibt. Grammatische Phänomene sind nur für die Adverbien, Konjunktionen, Präpositionen und Verben angegeben, wo die grammatikalische Kategorie für den Sinn des Wortes maßgeblich ist.
Wörter aus den Kommunikations- und Grammatikteilen des Lehrbuchs sind mit **K** bzw. **G**, diejenigen aus den Wiederholungseinheiten mit **F** angegeben und im Arbeitsbuch neu hinzugekommene sind mit **AB** gekennzeichnet.

A

A/S (aktieselskab) *17 A1* Aktiengesellschaft
absolut *18 B4* absolut, unbedingt
adjektiv *7 B5* Eigenschaftswort
adresse *9 B1* Anschrift
adverbium *11 C1* Umstandswort
advokat *17 A3* Anwalt
af *Präp. 1 Auftakt* von
af og til *15 B4* ab und zu
af sted *16 A1* fort, weg
afdeling *6 A1* Abteilung
afdelingschef *14 A3* Abteilungsleiter
afdrag *18 B1* Ratenzahlung
affaldscontainer *12 Auftakt* Müllcontainer
afgrøde *7 L* Feldfrucht
afgøre *15 A5* entscheiden
afgå *11 A3* abfahren
afslappende *19 C1* entspannend(e/r)
afstand *6 B4* Abstand
aftale *Verb 17 B4* verabreden
aftale *20 A1* Verabredung, Vereinbarung, Termin
aftenskole *1 B3* Abendschule
aftensmad *8 A2* Abendessen
aftenvagt *20 A1* Spätdienst
aftjene noget *14 Auftakt* etwas ableisten
afvisende *18 B5* abweisend
agurk *7 B1* Gurke
akkord *17 A1* Akkordarbeit
aktuel *19 B7* gegenwärtig
aldrig *11 Auftakt* niemals, nie

alene *F3 A* alleine
alfabet *2 C1* Alphabet
alkohol *19 C1* Alkohol
alle *2 A4* alle
alle sammen *10 A4* alle
Alle tiders! *4 C1* Klasse!
allerede *5 Auftakt* schon, bereits
alligevel *18 G* trotzdem, dennoch
almen *15 A5* allgemein
almindelig *14 L* allgemein
alt om *6 B2* alles über
altan *18 A1* Balkon
altid *11 Auftakt* immer, ständig
altså *14 B4* demnach, somit, also, wirklich
ambulance *15 B1* Krankenwagen
anbefale *12 A4* empfehlen
and *20 B6* Ente
andelslejlighed *18 Auftakt* Genossenschaftswohnung
anderledes *19 A3* anders(artig)
andre *1 B6* andere
anerkendt *14 B4* anerkannt
angive *8 B3* angeben
ankomme *9 B1* ankommen
anlæg *18 A5* Anlage
annonce *6 A1* Anzeige
ansat *17 A1* Mitarbeiter
ansigt *14 C3* Gesicht
anstrengende *19 A3* anstrengend
ansøgning *17 A1* Bewerbung
antal *6 B4* Anzahl
antonym *14 C7* Antonym
apotek *7 Auftakt* Apotheke
appelsin *7 B1* Orange

april *8 C1* April
arbejde *5 C2* Arbeit
arbejde *Verb 7 L* arbeiten
arbejdsløn *16 B3* Arbeitslohn
arbejdsløs *17 A1* arbeitslos
argument *19 B6* Argument
arm *15 Auftakt* Arm
arrangement *20 B6* Veranstaltung
at *Konj. 10 A6* dass
aubergine *7 B1* Aubergine
august *8 C1* August
autocamper *4 A2* Wohnmobil
automekaniker *16 B1* Kfz-Mechaniker
autoværksted *10 B1* Autowerkstatt
Av! *15 A1* Au!
avis *9 Auftakt* Zeitung

B

baby *8 B1* Baby
bade *6 C2* baden
badebukser *5 B2* Badehose
badekar *6 A1* Badewanne
badeværelse *3 B4* Badezimmer
bag *Adv. 6 C6* hinten
bag *Präp. 11 B3* hinter
bagage *4 A2* Gepäck
bagagerum *5 A1* Kofferraum
bage *17 A2* backen
bagefter *10 A6* nachher, hinterher, anschließend, danach
bager *7 Auftakt* Bäcker
baggrund *14 A3* Hintergrund
bagpå *17 B4* hinten
bagsæde *16 C1* Hintersitz
bak- *16 Auftakt* Rück-

bakke *7 C2* Schale, Hügel, Anhöhe
bakketop *6 A1* Hügelspitze
banan *7 B1* Banane
bane *11 A5* Bahn
banegård *11 B1* Bahnhof
bange *15 C4* ängstlich
bank *7 Auftakt* Bank
bankassistent *7 A1* Bankangestellter
bar *19 B2* Bar
barbermaskine *13 C1* Rasierapparat
bare Adv. *18 B6* bloß, nur, wenn, doch
Bare rolig. *4 B1* Ganz ruhig. Beruhige dich.
bare sådan *19 A3* nur so, einfach so
barn *2 A1* Kind
barnebarn *13 Auftakt* Enkelkind
barnepige *18 B6* Kindermädchen
barneseng *6 A1* Kinderbett
barnestol *6 A1* Kinderstuhl
basisord *6 A2* Basiswort
batteri *16 B1* Batterie
beboer *18 A5* Bewohner
bede *8 C5* bitten
bedst *9 B1* am besten
bedstefar *13 Auftakt* Großvater
bedstemor *13 Auftakt* Großmutter
bedøvelse *15 B1* Betäubung
befinde sig *10 Auftakt* sich befinden
befrielse *8 C3* Befreiung
begavet *14 C7* begabt
begejstret *18 B6* begeistert
begejstring *10 A7* Begeisterung
begge to *4 A3* (alle) beide
begynde *9 B1* anfangen, beginnen
begynder *17 B3* Anfänger
behagelig *10 A4* angenehm, bequem
behandle nogen *15 B1* jmdn. behandeln
behandlingsmetode *17 B1* Behandlungsmethode
beholde *14 B4* behalten

bekendtskab *14 C6* Bekanntschaft
beklage *5 A1* bedauern
beklædning *5 Auftakt* Bekleidung
beliggende *6 A1* gelegen
beliggenhed *F3 E* Lage
beløb *10 A4* Betrag
bemærke *1 B1* bemerken
bemærkning *11 A5* Bemerkung
ben *15 Auftakt* Bein
benytte *11 Auftakt* benutzen
beskrive *10 A1* beschreiben
beskrivelse *14 A2* Beschreibung
beslutte *F4 B* entscheiden
bestemt *6 A4* bestimmt
bestemt artikel *4 A1* bestimmter Artikel
bestik *12 B1* Besteck
bestille *3 C4* bestellen
bestille tid *15 B1* einen Termin vereinbaren
bestå af *20 B6* bestehen aus
besvare *14 C6* antworten
besvime *15 C4* ohnmächtig werden
besværlig *16 C1* umständlich
besættelse *8 C3* Besetzung
besøg *10 C5* Besuch
besøge *5 C1* besuchen
betale *3 C4* bezahlen
betegnelse *6 C1* Bezeichnung
betingelse *6 B2* Bedingung
betjent *5 B1* Polizist
betyde *3 B2* bedeuten
betydning *11 A2* Bedeutung
bevæge sig *15 C3* sich bewegen
bevægelse *11 C1* Bewegung
bibliotek *11 K* Bibliothek
bifaldende *18 B5* zustimmend
bil *4 A2* Auto
bilisme *16 Auftakt* Autofahrt
bilist *16 C1* Autofahrer
billede *1 Auftakt* Bild
billet *11 A3* Fahrkarte, Fahrschein
billetmærke *14 AB* Kennziffer
billig *7 B2* preisgünstig, billig
biograf *2 B1* Kino
bjerg *19 C6* Berg
blande sammen *16 A2* vermischen

bleg *7 B4* blass
blid *14 C1* sanft
blink- *16 Auftakt* Blink-
blive *2 C5* werden, bleiben
blive enig *15 B8* sich einigen
blive siddende *19 C1* sitzen bleiben
blive stoppet *5 A1* angehalten werden
blomme *7 B1* Pflaume
blomst *16 G* Blume
blomsterbutik *7 Auftakt* Blumenladen
blot Adv. *20 A1* nur, bloß
bluse *5 Auftakt* Bluse
blæse *6 C1* wehen
blæsevejr *6 C1* Wind, windig
blød *7 B4* weich
blå *7 B3* blau
blåbær *7 B4* Heidelbeere
bo *1 A1* wohnen
bo sammen *2 A1* zusammenleben
bofællesskab *18 A5* Wohngemeinschaft
bog *6 C2* Buch
boghandel *10 Auftakt* Buchhandlung
bogstav *6 C1* Buchstabe
bolig *17 A1* Wohnung
bomuld *10 A1* Baumwolle
booke *6 B2* buchen
bopæl *2 A2* Wohnsitz
bord *10 C1* Tisch
borddug *10 C1* Tischdecke
bordtennis *12 A3* Tischtennis
bordvin *5 A1* Tischwein
bore *15 C4* bohren
bort Adv. *18 G* fort
borte Adv. *18 G* weg, fort
bred *20 C8* breit
bredbånd *6 A1* Breitband
bremse *16 Auftakt* Bremse
brev *7 A4* Brief
briller *14 C2* Brille
bringe *20 B4* bringen
bro *11 B3* Brücke
bror *9 B2* Bruder
brud *14 B4* Braut
brudepar *14 B4* Brautpaar
brudstykke *10 C3* Bruchstück
brug *17 B5* Gebrauch

bruge *7 A1* brauchen, gebrauchen, benutzen, verwenden, nehmen
brun *7 B3* braun
bruseniche *18 A1* Duschkabine
bruser *6 A1* Dusche
bryggeri *17 L* Brauerei
bryggers *6 A1* Waschküche
bryllup *14 A3* Hochzeit
brække *15 A2* brechen
brændeovn *6 A1* Holzofen
brød *5 Auftakt* Brot
buffet *8 C5* Büffet
bugte *20 C8* (sich) schlängeln
bukser *5 A1* Hose
bule *5 B4* Beule
bus *4 A2* Bus
buschauffør *11 C1* Busfahrer
butik *10 A4* Laden
butiksassistent *7 C1* Ladenangestellter
by *2 C3* Stadt
bygge *16 C3* bauen
byggeteknik *17 A1* Bautechnik
bygningsværk *18 L* Bauwerk
bynavn *2 C5* Stadtname
bykort *11 B5* Stadtplan
bytte *10 A6* (um/ver)tauschen
bæger *7 C4* Becher
bærbar (computer) *17 AB* Laptop
bøde *16 C1* Geldbuße
bøg *20 C8* Buche
bøgeblad *7 B4* Buchenblatt
bøje *11 B3* Boje
bølge *20 C8* Welle
bønne *10 AB* Bohne
børnehave *10 B1* Kindergarten
børs *19 Auftakt* Börse
båd *4 A2* Boot, Schiff
både ... og *6 A1* sowohl ... als (auch)
bål *12 Auftakt* Feuer

C
ca. (cirka) *8 C5* etwa, ungefähr
café *5 C1* Café
campingplads *4 A2* Campingplatz
campingvogn *4 A2* Campingwagen
campist *12 B5* Camper
cd-afspiller *6 A1* CD-Spieler

centralforvaltning *F3 B* Zentralverwaltung
centrum *11 B1* Zentrum
cerut *5 A1* Zigarillo
checke *16 B1* durchchecken
chokoladekage *3 Auftakt* Schokoladenkuchen
cigar *5 A1* Zigarre
cigaret *5 A1* Zigarette
cigarillo *5 A1* Zigarillo
civilingeniør *14 A3* Diplomingenieur
computer *6 C2* Rechner
cowboybukser *10 A1* Jeans
CPR (Det Centrale Personregister) *9 B1* zentrales Personenregister in Dänemark
CV (curriculum vitæ) *17 AB* Lebenslauf
cykel *4 A2* Fahrrad
cykle *2 B1* Rad fahren

D
da *Konj. 9 B1* als, weil
da *Adv. 18 G* da, doch, dann
dag *5 A1* Tag
dagens tilbud *7 C2* Sonderangebot
daglig *F3 E* täglich
dagligdag *8 AB* Alltag
dal *20 C8* Tal
danne *3 C6* bilden, gestalten
danse *2 B1* tanzen
danser *19 G* Tänzer
dansk *1 Auftakt* Dänisch, dänisch
danske kroner *7 A1* Dänische Kronen
dansker *1 B2* Däne
danskvand *3 A1* Mineralwasser
dato *11 A5* Datum
datter *13 Auftakt* Tochter
dav *1 A4* hallo
davs *1 A1* hallo
de *2 A1* die, sie
De *2 A3* Sie
de fleste *20 B6* die meisten
december *8 C1* Dezember
defekt *17 A3* defekt
dej *20 A2* Teig
dejlig *Adj. 8 C4* schön, lecker
del *15 Auftakt* Teil
dele sig ind *6 A1* sich einteilen

dele sig op *19 B6* sich teilen
deltage *20 B6* teilnehmen
deltager *12 L* Teilnehmer
deltid *17 AB* Teilzeit
dem *2 C3* ihnen
demonstrativpronomen *11 B8* hinweisendes Fürwort
den anden *6 B5* der andere
den bedste *17 B4* die/der Beste
den ene *6 B5* der eine
den samme *F1 A4* derselbe, dieselbe, dasselbe
denne *9 B5* dieser
depositum *6 A1* Sicherheit, Einsatz
der *Adv. 6 B2* dort, da
der er *5 A3* es gibt
derefter *7 A2* danach
deres *11 B7* ihre/n
derfor *15 C7* deshalb
derfra *12 B3* von da, von dort
derhen *8 B1* dahin/dorthin
derhjemme *10 B2* zu Hause
derovre *7 C2* drüben
dessert *10 C3* Nachtisch, Dessert
desuden *9 B1* außerdem
desværre *3 C4* leider
det *1 Auftakt* er, sie, es, das
Det er (helt) fint. *3 C4* Das ist ganz okay.
Det er en aftale! *20 A1* Abgemacht!
det er heldigt *10 A6* es trifft sich gut
Det er i orden. *5 A1* Das ist in Ordnung.
Det er jeg ked af. *15 A4* Es tut mir leid.
det er min tur *13 C2* ich bin dran
Det er synd for dig! *15 A4* Ach, du Ärmste(r)!
Det kan du godt. *7 A1* Das kannst du.
Det må jeg nok sige! *13 B3* Sag bloß!
Det passer. *3 C4* Das stimmt so.
Det siger du ikke! *13 B3* Was du nicht sagst!

Det skal jeg nok. *4 C1* Mach' ich!, Versprochen!

det var det hele *7 C2* das war es

Det var ikke så godt! *15 A4* Das ist aber bedauerlich!

Det var så lidt. *6 B2* Gern geschehen.

det var ærgerligt *11 B1* wie Schade

det vil sige (dvs.) *8 C5* das heißt

det være sig *F3 D* es sei

dialog *2 B2* Dialog

diamant *20 G* Diamant

dig *1 B3* dich, dir

diktere *2 B4* diktieren

din/dit *2 C5* dein/e

direkte *6 B2* direkt

direkte over for *11 B1* direkt gegenüber

diskutere *14 C8* diskutieren

disse *7 Auftakt* diese

dobbeltseng *6 A1* Doppelbett

dobbeltværelse *8 C5* Doppelzimmer

dog *Konj. 17 B4* doch, dennoch

downloade *17 C1* downloaden

dreje *11 B4* abbiegen, drehen

dreng *13 B1* Junge

drikke *3 A3* trinken

drikkevare *10 C3* Getränke

drink *19 B3* Drink

dronning *8 C3* Königin

drøm *16 A2* Traum

drømme *12 A3* träumen

du *1 Auftakt* du

Du burde ... *15 C1* Du solltest ...

Du skulle ... *15 C2* Du solltest ...

dukke *13 A2* Puppe

dum *14 C1* dumm, blöd

dvd *6 A1* DVD

dyb *15 C1* tief

dykke *19 Auftakt* tauchen

dyr *Adj. 7 B2* teuer

dyr *7 L* Tier

dæk *16 Auftakt* Reifen

dække bord *13 B1* den Tisch decken

døgn *16 C1* Tag und Nacht

dør *14 B2* Tür

dørtelefon *18 A1* Sprechanlage

dårlig *15 B1* schlecht

dåse *7 C4* Dose

E

efter *Präp. 10 B1* nach, hinter

efter at *20 A2* nachdem

efterfølgende *17 B2* nachfolgend

efterhånden *20 A1* nach und nach, allmählich

efterlade *16 B2* hinterlassen

eftermiddag *5 C1* Nachmittag

efternavn *2 A1* Nachname

efterår *8 C1* Herbst

egen *F1 B* eigen

egenskab *14 C1* Eigenschaft

egentlig *13 C10* eigentlich

ej *5 B4* nicht

eje *14 B1* besitzen, haben

ejendom *18 A5* Haus

ejer *18 B6* Besitzer

ejerlejlighed *18 Auftakt* Eigentumswohnung

eksempel *2 A5* Beispiel

eksklusive *12 B3* ausschließlich

ekspedient *10 A10* Verkäufer

ekspeditrice *9 C1* Verkäuferin

ekstra *6 A4* zusätzlich

elegant *10 A4* elegant

elev *14 C8* Schüler

elevator *18 A1* Aufzug

elkomfur *6 A1* Elektroherd

eller *4 A2* oder

ellers *5 A3* sonst

Ellers andet? *7 C2* Sonst noch einen Wunsch?

ellers ikke *20 A1* sonst nicht

elske *19 A1* lieben

e-mail-adresse *4 C1* E-Mail-Adresse

emhætte *13 C1* Dunstabzugshaube

én ad gangen *20 B6* einer nach dem anderen

én af dagene *6 C2* einer der Tage

en del *16 C1* eine Reihe, eine Menge

én gang *13 C8* ein Mal

én gang til *8 C5* noch einmal

end *17 B4* als, denn

endda *4 A2* sogar

endelig *Adv. 13 C2* endlich, unbedingt, schon

endnu *10 C3* noch

endnu engang *F3 E* noch einmal

endnu ikke *13 C8* noch nicht

endnu tidligere end *17 B1* noch früher als

engelsk *1 Auftakt* Englisch, englisch

englænder *1 B5* Engländer

enighed *19 B4* Einigkeit

enkeltbillet *11 A3* Einzelfahrkarte

enkeltværelse *8 C5* Einzelzimmer

enorm flot *18 B4* sehr schön

enten ... eller *F3 A* entweder ... oder

entré *6 Auftakt* Eingang, Flur

er der noget galt? *18 C1* Ist etwas nicht in Ordnung?

Er det rigtigt? *2 A1* Wirklich?

erfaring *17 A1* Erfahrung

erhverv *17 Auftakt* Beruf, Gewerbe

erhvervsgren *17 A4* Berufszweig

et sæt spillekort *9 Auftakt* Spielkarte

eventuelt *17 A2* vielleicht, eventuell

eventyr *15 L* Märchen

F

fabrik *17 A5* Fabrik

facilitet *F3 E* Einrichtung

fad *7 B4* Platte

fadøl *3 A1* Fassbier

faglært *17 A1* gelernt

faktisk *19 A3* eigentlich, tatsächlich

faktura *16 B3* Rechnung

falde i søvn *16 A2* einschlafen

familie *3 B1* Familie

fantasi *14 B3* Fantasie

fantastisk *20 B1* fantastisch

far *3 B5* Vater

farbror *9 B3* Onkel (väterlicherseits)

farfar *9 B3* Großvater (väterlicherseits)

farlig *F3 D* gefährlich

farmor *9 B2* Großmutter (väterlicherseits)

farve *7 B3* Farbe

farvel *1 C4* auf Wiedersehen

fascinerende *19 C1* faszinierend(e/r)

fase *F3 D* Phase

fast *17 A1* fest

faster *9 B2* Tante (väterlicherseits)

feber *15 A4* Fieber

februar *8 C1* Februar

fed *17 C1* fett

fejl *11 B7* Fehler

felt *F3 C* Feld

femininum *20 AB* weiblich

fem minutters *12 B2* fünfminütig

ferie *1 B3* Urlaub

feriehus *6 A1* Ferienhaus

fersken *7 B1* Pfirsich

fest *8 B1* Fest, Fete

festdag *20 B4* Feiertag

festival *12 L* Festival

festlig *20 Auftakt* festlich

figur *F1 B* Figur

fil *17 C1* Datei

film *14 G* Film

fin *7 B6* fein

finde *2 C3* finden

finde frem til *F3 C* finden, ausfindig machen

finde på *13 A1* erfinden

finde ud af *F3 E* herausfinden, herausbekommen, zurecht-kommen, verstehen

finger *15 Auftakt* Finger

finne *1 B5* Finne

finsk *1 Auftakt* Finnisch, finnisch

firma *17 L* Firma

fisk *5 C4* Fisch

fiske *2 B1* angeln, fischen

fiskehandel *7 Auftakt* Fischladen

fisker *5 C4* Fischer

fjern *16 Auftakt* fern, entfernt

flad *7 B4* flach

flag *8 C3* Flagge

flagdag *8 C3* Tag, an dem die Flagge gehisst wird

flagskib *F3 C* Flaggschiff

flagstang *9 Auftakt* Fahnenmast

flaske *3 C3* Flasche

fleksibel *16 C1* flexibel

fleksibilitet *17 A1* Flexibilität

flere *1 A1* mehrere

flere gange *4 A3* mehrmals

flest *13 L* am meisten

flette *20 B6* flechten

flormelis *20 A2* Puderzucker

flot *10 A2* schick

flytning *9 B1* Umzug

flytte *9 B1* umziehen

flytte sammen *9 B1* zusammenziehen

flyttekasse *19 B7* Umzugskarton

flyve *11 Auftakt* fliegen

fly(vemaskine) *4 A2* Flugzeug

flyveører *14 C3* Segelohren

flæskesteg *20 B6* Schweinebraten

fløde *5 C4* Sahne

flødebolle *7 B4* Schokokuss

flødeskum *3 C3* Schlagsahne

fod *15 Auftakt* Fuß

fodbold *2 B1* Fußball

folkekirke *14 B4* Volkskirche

folkeregister *9 B1* Personenstandsregister

folkeskole *14 A2* staatl. Grundschule

for *Präp. 2 B1* für, vor, bei

for *Adv. 10 A4* zu, dafür, vorn(e)

for *Konj. 16 C3* denn

for ... siden *9 B1* vor ...

for at *6 B5* um zu, damit

for det meste *14 B4* meistens

for enden *11 B1* am Ende

for lidt siden *14 G* eben

for mange *19 C1* zu viele

for nylig *F3 A* kürzlich, neulich

for resten *12 B2* übrigens

foran *11 B3* vor

forberede *10 A10* vorbereiten

forberedelse *4 Auftakt* Vorbereitung

forbi *Präp. 11 B4* vorbei, vorüber

forbinde *4 B3* verbinden

forbindelse *12 B1* Verbindung

forbløffe *19 AB* verblüffen

forbløffende *19 C1* verblüffend(e/r), erstaunlich(e/r)

forbudt *12 B2* verboten

fordel *18 A2* Vorteil

fordeling *F3 E* Verteilung

fordelt *5 A1* verteilt

fordi *5 A1* weil

fordærvet *15 C6* ungenießbar

foreslå *15 B8* vorschlagen

forestille *9 Auftakt* vorstellen

forestille sig *6 B4* sich vorstellen

foretrække *6 B2* vorziehen

forhåndsviden *3 Auftakt* Vorkenntnisse

forkert *3 B4* falsch, verkehrt

forklare *11 C1* erklären

forklaring *12 A3* Erklärung

forleden *9 A7* neulich, vor kurzem

forløb *8 A1* Verlauf

form *7 B5* Form, Gestalt

formiddag *8 A1* Vormittag

formindske *17 C1* verkleinern

formulere *9 A4* formulieren

fornavn *2 A2* Vorname

forresten *19 B2* übrigens

forret *10 C3* Vorspeise

forretning *7 Auftakt* Geschäft

forrig *13 C9* vorige(r/s)

forrude *16 B3* Windschutzscheibe

forrygende *17 A1* heftig, wahnsinnig

forsamlingshus *14 B4* Bürgerhaus

forsigtig *18 B6* vorsichtig

forsikringsbevis *16 B2* Versicherungsbeleg

forsinket *11 A3* verspätet

forskel *9 L* Unterschied

forskellig *6 A1* verschieden

forslag *11 A3* Vorschlag

forstuve *15 A2* verstauchen

forstyrre *F3 D* stören

forstærke *17 A1* verstärken

forstørre *17 C1* vergrößern

forstå *6 A1* verstehen

forsvinde *19 C1* verschwinden

forsæde *16 C1* Vordersitz

fortid *14 A5* Vergangenheit

fortolde *5 A1* verzollen

fortsat *Adv.* *7 A1* weiterhin, dauernd, immernoch
fortsætte *11 B4* fortsetzen
fortsættelse *19 C3* Fortsetzung
fortælle *8 A4* erzählen
foruden *17 B1* außer
forvente *17 A1* erwarten
forældre *9 B1* Eltern
forår *8 C1* Frühling
foto *14 C6* Foto
fotoalbum *9 C1* Fotoalbum
fotografi *14 C6* Fotografie
fra *Präp.* *1 A1* von, aus
frabede sig noget *6 A1* sich etwas verbitten
fransk *1 Auftakt* Französisch, französisch
franskbrød *3 B1* Weißbrot
franskmand *1 B5* Franzose
fraskilt *14 C6* geschieden
fred *11 C2* Frieden
fredag *8 B1* Freitag
fregne *14 C3* Sommersprosse
frem *11 G* vorwärts, nach vorne
fremføre *10 A10* vorführen
fremgå *17 AB* hervorgehen
fremme *11 G* vorn
fremmedsprog *F1 A1* Fremdsprache
fremover *16 AB* künftig
fremtid *5 C2* Zukunft
fremvise *16 G* vorzeigen
fri *9 A6* frei, kostenlos
frikvarter *F1* Schulpause
friluftsliv *20 B6* Leben im Freien
frisk *5 C4* frisch
frisure *20 K* Frisur
frisør *9 A6* Friseur
frisørsalon *11 K* Friseursalon
fritid *2 B2* Freizeit
fritidsaktivitet *2 B1* Freizeitaktivität, Hobby
frokost *8 A2* Mittagessen
frokostpause *8 A2* Mittagspause
frue *4 C3* Frau
frugt *7 B1* Obst
frygtelig *15 C7* furchtbar
fryse *6 C1* frieren
fryser *6 A1* Gefrierschrank
fryseskab *6 A1* Gefrierschrank

fuld service *16 B1* Komplett-Service
fuldskæg *14 C3* Vollbart
fuldstændig *19 B5* komplett, vollständig
fungere *F3 D* funktionieren
funktion *19 C2* Funktion
fx (for eksempel) *9 A5* zum Beispiel
fylde år *4 A3* Geburtstag haben
fyldning *15 C4* Füllung
fyrværkeri *20 B4* Feuerwerk
fælles *12 A1* gemeinsam, gemeinschaftlich
fængsel *16 C1* Gefängnis
færdig *10 A9* fertig
færdiggøre *16 A2* fertig stellen
færdsel *5 B1* Verkehr
færdselsregel *16 C1* Verkehrsvorschrift
færge *4 A2* Fähre
fætter *9 B1* Cousin
fødsel *17 A3* Geburt
fødselsdag *8 B1* Geburtstag
føle sig *15 B1* sich fühlen
følgende *5 A1* folgende
før *Präp.* *10 B1* vor
før *Adv.* *18 G* früher, vorher, vorhin
først *1 Auftakt* erst, zuerst
få *Verb* *3 C4* bekommen
få *Adj.* *6 A1* wenig(e)
få en tid *15 B8* einen Termin bekommen
få tilbage *7 A4* wiederbekommen
får *19 C7* Schaf

G

gade *11 B6* Straße
gaffel *10 C1* Gabel
gammel *4 A3* alt
gang *1 A1* Gang, Fußweg, Flur, Mal
ganske *18 G* ganz, ziemlich
garage *18 A1* Garage
garderobe *18 A4* Garderobe
gave *8 C4* Geschenk
gavn *20 B5* Nutzen, Vorteil
gemme *17 C1* speichern, sichern, verstecken
genert *19 C1* verlegen, scheu

genforening *8 C3* Wiedervereinigung
genfortælle *19 A2* nacherzählen
gengive *15 B6* wiedergeben
genkende *6 B1* (wieder) erkennen
gennem *Präp.* *11 B4* durch
genstand *7 C4* Gegenstand
gentage *1 C2* wiederholen
genus *13 C1* Geschlecht
gerne *3 B4* gern
Gid det var mig! *13 C4* Du Glückliche(r)!
gide *10 A4* mögen, Lust haben
gift *2 A1* verheiratet
gifte sig *14 A3* heiraten
give *20 B3* geben
give tilbage på *7 C2* herausgeben auf
glad *14 C1* froh, freudig, fröhlich
glad for at *19 B3* sich freuen über
glas *3 A1* Glas
glasur *20 A2* Glasur
glat *14 C2* glatt
glemme *4 B1* vergessen
glæde *20 B5* Freude
glæde sig til *8 C5* sich freuen auf
Glædelig jul! *20 A1* Fröhliche Weihnachten!
god *2 B2* gut
God bedring! *15 A1* Gute Besserung!
god tid *17 B4* reichlich Zeit
godaften *1 A1* guten Abend
goddag *1 A1* guten Tag
godmorgen *1 A4* guten Morgen
godnat *1 C4* gute Nacht
godt vejr *6 C2* gutes Wetter
Golfbane *12 Auftakt* Golfplatz
gourmet *17 A1* Feinschmecker
grad *18 B5* Grad
graffiti *18 K* Graffiti
gram *7 C2* Gramm
gratis *7 A4* umsonst
gravad laks *10 C3* gebeizter Lachs
grej *12 B1* Gerät
grill *6 A1* Grill

grille *10 C3* grillen
grillmad *20 B6* gegrilltes Essen
grim *10 A2* hässlich
grine *20 G* lächeln
grund *6 A1* Grundstück, Grund
grundlov *8 C3* Verfassung
grundlovsdag *20 Auftakt*
Verfassungstag
gruppe *6 A1* Gruppe
gryde *13 C1* Topf
græker *1 B5* Grieche
grænse *5 Auftakt* Grenze
græsk *1 Auftakt* Griechisch,
griechisch
grøn *7 B3* grün
grønthandler *7 Auftakt*
Gemüsehändler
grøntsag *7 B1* Gemüse
grå *14 C2* grau
gud *8 B4* Gott
gudinde *8 B4* Göttin
guide *12 A4* Fremdenführer
guitar *19 Auftakt* Gitarre
gul *7 B3* gelb
gulerodskage *3 Auftakt*
Möhrenkuchen
gulv *13 B3* Fußboden
gummistøvle *5 A1* Gummi-
stiefel
gymnasium *14 A2* Gymnasium
gynge *6 A1* Schaukel
gælde *14 B4* gelten
gæst *8 C6* Gast
gætte *1 Auftakt* erraten
gøre *6 B2* machen, tun
gøre grin med *13 L* auf den
Arm nehmen
gøre ondt *15 A1* weh tun,
schmerzen
gøre rent *13 B1* sauber machen
gøre status *F3 E* Bilanz ziehen
gå *1 B3* gehen
gå hen til *9 B1* hingehen
gå hjem *19 C1* nach Hause
gehen
gå i bad *8 A2* duschen
gå i byen *19 Auftakt* bummeln
gehen
gå i gang *13 C2* anfangen
gå i lære *14 Auftakt* lernen
gå i retten *17 A3* vor Gericht
gehen

gå på indkøb *13 G* einkaufen
gehen
gå rundt om *20 B6* herum-
gehen
gå til dansk *1 B3* einen
Dänischkurs besuchen
gå tur i skoven *6 C2* einen
Waldspaziergang machen
gå ud og spise *19 Auftakt*
essen gehen
gård *11 C2* Hof
gårdbutik *7 L* Bauernhof-
Laden
gårdhave *18 A5* Hof

H

hakkebøf *10 C3* Rinderhack-
steak
hals *15 Auftakt* Hals
halstørklæde *5 Auftakt* Schal,
Halstuch
halv *8 Auftakt* halb
halvtids- *17 A1* halbzeit-
ham *8 B1* ihm, ihn
han *2 A1* er
handelsskole *14 A2* Handels-
schule
handicap *12 Auftakt*
Behinderung
handle om *4 B1* handeln von
handske *12 B1* Handschuh
hans *4 C1* sein
hastighedsgrænse *16 C1*
Geschwindigkeitsbegrenzung
hat *5 Auftakt* Hut
hav *6 A1* Meer
hav det godt *1 C4* alles Gute
have *2 A1* haben
have *6 A1* Garten
have ansvaret for noget *13 B3*
für etwas Verantwortung haben
have brug for *12 A1* brauchen,
benötigen
have det sjovt *9 A1* sich
amüsieren
have fri *13 G* frei haben
have lyst til *10 C3* Lust auf etw.
haben
have ondt *15 A1* Schmerzen
haben
have på *10 A1* tragen
(Kleidung anhaben)

have tømmermænd *19 B2*
einen Kater haben
havfrue *13 G* Meerjungfrau
havn *11 A5* Hafen
hedde *1 A1* heißen
hedde til efternavn *2 A1* mit
Nachnamen heißen
hedvin *5 A1* Dessertwein
hej *1 A1* hallo, grüß dich,
tschüs
hej hej *1 C4* tschüs
Hej med dig! *4 C1* Mach´s gut!
hel *6 A1* ganz
heldigvis *18 G* glücklicher-
weise
heller ikke *2 B2* auch nicht
hellere *3 B5* lieber
hellig *20 B5* heilig
helligdag *20 B6* Feiertag
helst *3 B5* am liebsten, lieber
helt *Adv. 18 G* ganz
hemmelighed *13 A2* Geheimnis
hems *6 A1* Schlafboden,
offener Dachboden
hen *5 A1* hin
hende *8 B1* ihr, sie
henholdsvis *6 A1* beziehungs-
weise
henne *11 C1* an
henskride *20 B5* dahin-
schreiten
hente *8 B1* abholen
henvende sig til nogen *7 A1*
sich an jmdn. wenden
henvendelse *14 C6* Zuschrift
henvisning *F3 D* Verweis,
Hinweis
her *1 A1* hier
her fra *1 A1* von hier, aus
dieser Stadt
herfra *11 B1* von hier
herhid *20 B5* hierher
herlig *4 C1* herrlich
hermed *17 B1* hiermit
herovre *7 C2* hier (drüben)
Herre *20 B4* Herr
herske *8 B4* herrschen
hertil *17 B4* hierher
hilse *1 A4* begrüßen
hilse nogen *4 C1* jmdn. grüßen
hilse på hinanden *1 A4* sich
begrüßen
himmel *11 B3* Himmel

hinanden *1 A4* einander
historie *F2 C* Geschichte
hjem *5 A1* Zuhause
hjem *Adv. 11 C1* nach Hause
hjemlig hygge *14 C6* Häuslichkeit
hjemme *11 C1* zu Hause
hjemme hos dig *13 B3* bei dir zu Hause
hjemmebagt *14 B2* selbst gebacken
hjemmeside *6 B2* Homepage, Startseite
hjemve *20 A1* Heimweh
hjul *16 Auftakt* Rad
hjælp *4 C1* Hilfe
hjælpe *7 A1* helfen
hjælpe til *13 B1* behilflich sein
hjørne *11 B5* Ecke
hobby *9 C1* Hobby
hold *4 B10* Klasse, Gruppe, Mannschaft
holde *14 B4* halten
holde af *14 B2* mögen, gern haben
holde ferie *12 B5* Urlaub machen
holde sammen *20 K* zusammenhalten
holde sig varm *15 B3* sich warm halten
holde vejret *15 C1* die Luft anhalten
holdning *19 B6* Haltung
hollandsk *1 Auftakt* Niederländisch, niederländisch
hollænder *1 B5* Niederländer
honning *3 B1* Honig
hoppe ned *20 B4* abspringen
hoppepude *12 A2* Hüpfburg
horn *16 A1* Hupe
hos *Präp. 3 B1* bei, an, zu
hospital *17 A3* Krankenhaus
hoste *15 C1* husten
hotel *4 A1* Hotel
housewarming *19 A3* Einzugsfeier
hoved *15 Auftakt* Kopf
hovedpine *15 A1* Kopfschmerzen
hovedret *10 C3* Hauptgericht
hovedstad *9 B1* Hauptstadt
hul *15 C4* Loch

humor *14 C6* Humor
hun *2 A1* sie
hund *12 B2* Hund
hurtig *F3 D* schnell
hurtigt *Adv. 18 G* schnell
hus *5 Auftakt* Haus
husdyr *6 A1* Haustier
huske *4 B1* noch wissen, sich merken, an etwas denken
huskeseddel *16 A1* Merkzettel
husleje *18 A1* Miete
hvad *1 A1* was
Hvad er der i vejen? *15 A4* Was hast du?
Hvad er klokken? *8 Auftakt* Wie viel Uhr ist es?
Hvad fejler du? *15 A4* Was fehlt dir?
Hvad skal det være? *3 C4* Was möchtest du bestellen?
Hvad skal du have? *3 A1* Was nimmst du?
hvem *2 Auftakt* wer
hver *6 A1* jede(r/s)
hver især *14 B4* jede/r für sich
hverdag *8 A2* Alltag
hvid *7 B3* weiß
hvidløg *7 B1* Knoblauch
hvile *20 A2* ruhen
hvile sig *15 B3* sich ausruhen
hvilke *Pl. 1 Auftakt* welche
hvilken *9 C1* welche/r/s
hvis *Konj. 4 A2* falls, wenn, sofern
hvis jeg var dig *20 C1* an deiner Stelle
hvor *1 A1* wo
hvor længe *8 C5* wie lange
hvor mange *6 B2* wie viele
hvor meget *3 C4* wie viel
hvor ofte *11 Auftakt* wie oft
Hvor skal I hen? *5 A1* Wohin fahrt ihr?
hvordan *2 C1* wie, auf welche Weise
Hvorfor det? *5 A1* Warum das (denn)?
hvorhen *18 B5* wohin
hvornår *6 B2* wann
hvornår på dagen *15 B8* zu welcher Tageszeit
hygge *6 L* Gemütlichkeit, gemütliche Atmosphäre

hygge sig *9 A1* es sich gemütlich machen
hyggelig *6 A1* gemütlich, wohnlich
hyppighed *11 Auftakt* Häufigkeit
hytte *12 C3* Hütte
hænde *9 B5* geschehen
hænge *12 B2* hängen
hænge *15 AB* hängen
hænge til tørre *13 C2* zum Trocknen aufhängen
hæve nogle penge *7 A1* etwas Geld abheben
høflig *2 C7* höflich
høj *4 B8* groß
højhus *11 B5* Hochhaus
højre *11 B3* rechts
højsæson *12 B2* Hochsaison
højt *Adv. 18 G* laut, hoch
høre *8 C4* hören
høre sammen *1 A3* zusammengehören
hører til *18 A1* gehört dazu
håb *10 A7* Hoffnung
håbe *10 A6* hoffen
hånd *7 A1* Hand
håndbold *20 AB* Handball
håndklæde *12 B1* Handtuch
hår *14 C2* Haar
hård *14 C1* hart, rauh
hårtørrer *13 C1* Haartrockner

I

i *Präp. 1 A1* in, zu, vor, seit
I *2 Auftakt* ihr
i (går) aftes *9 A7* gestern Abend
i aften *5 C1* heute Abend
i alt *6 A1* insgesamt
i dag *7 A1* heute
i forgårs *9 A7* vorgestern
i forhold til *16 C1* im Verhältnis zu
i forvejen *16 A3* im Voraus
i god tid *16 A2* zeitig, früh
i går *9 Auftakt* gestern
i hvert fald *19 B3* auf jeden Fall
i lige måde *7 A1* gleichfalls
i løbet af *17 B1* im Laufe von
i lørdags *9 A1* letzten Samstag
i midten af rummet *19 C1* Mitte des Raumes

i morges *9 A7* heute Morgen
i nærheden *12 B2* in der Nähe
i overmorgen *5 C1* übermorgen
i stedet *10 A4* stattdessen
i to dage *13 C8* für zwei Tage
i øvrigt *14 B2* übrigens
idé *19 A5* Idee
ifølge *14 B4* laut
igen *7 A1* wieder
ikke *1 B3* nicht
ikke alene ..., men også ... *17 B1* nicht nur ..., sondern auch ...
ikke lade vide *13 C10* nicht wissen lassen
ikke nogen/noget/nogle *12 B6* kein(e/r), niemand
ikke noget problem *7 C2* kein Problem
Ikke sandt? *9 AB* Nicht wahr?
ikke særlig glad *18 B4* nicht besonders froh
ikkeryger *14 C6* Nichtraucher/in
ildslukker *12 Auftakt* Feuerlöscher
imperativ *2 C6* Befehlsform
imponerende *1 C4* imponierend
ind *11 C1* herein, hinein
ind til byen *6 C2* in die Stadt
indblik *17 B1* Einblick
indbygger *9 B1* Einwohner
inddeling *F2 C* Einteilung, Gliederung
inde *11 C1* drinnen
indeholde *6 A2* enthalten
inden for *Adv. 17 AB* in, innerhalb
indforstået *19 A3* einverstanden
indførelse *20 B5* Einführung
indhold *14 B4* Inhalt
indirekte tale *15 B5* indirekte Rede
indkøb *7 Auftakt* Einkauf
indkøbsvogn *F2 B1* Einkaufswagen
indlæringsproces *F3 D* Lernprozess
indpakning *7 C4* Verpackung
indrette *6 A1* einrichten
indstille *16 B1* einstellen

indsætte *2 A4* einfügen, einsetzen
indtaste *17 C1* eingeben, eintippen
indtil *4 C1* bis
indtjeningsmulighed *17 A1* Verdienstmöglichkeit
indånde *15 C1* einatmen
influenza *15 C6* Grippe
information *5 B2* Auskunft
ingen *12 B2* kein(e/r), niemand
Ingen årsag. *11 B1* Keine Ursache. Gern geschehen.
ingenting *7 A4* nichts
ingrediens *20 A2* Zutat
inkludere *18 A5* einschließen
inkluderet *6 A1* inbegriffen
inklusive *8 C5* einschließlich
inspiration *10 A10* Inspiration
instrument *F3 D* Instrument
interessant *19 B3* interessant
interesse *14 C6* Interesse
interessere sig for noget *19 A1* sich für etw. interessieren
interesseret *14 C1* interessiert
internetforbindelse *6 A1* Internetverbindung
interview *13 B1* Interview
introduktion *7 C1* Einführung
invitere *14 B3* einladen
invitere indenfor *18 B6* hereinbitten
irreal *20 C1* irreal
irriteret *18 K* irritiert
is *6 C3* Eis
isvand *10 C3* Eiswasser
især *14 B4* insbesondere, besonders
italiener *1 B5* Italiener
italiensk *1 Auftakt* Italienisch, italienisch

J

ja *1 A1* ja
Ja tak, gerne. *3 Auftakt* Ja, gern bitte.
Ja tak. *3 K* Ja, bitte.
jakke *5 Auftakt* Jacke
jakkesæt *10 A1* Anzug
januar *8 C1* Januar
jeg *1 Auftakt* ich
jeg beklager *5 A1* es tut mir leid

jeg har glemt *4 B1* ich habe vergessen
jeg skal huske *4 B1* ich muss daran denken, ich darf nicht vergessen
jer *8 B1* euch
jeres *13 B1* euer, eure
jeres egne *4 B10* eure eigene
job *17 Auftakt* Job, Arbeit
jobsamtale *17 B3* Vorstellungsgespräch
jordbær *7 B1* Erdbeere
jordemor *17 Auftakt* Hebamme
juice *3 A1* Saft
jul *20 Auftakt* Weihnachten
juleaften *20 B6* Heiligabend
julefrokost *20 B6* festliches Mittagessen zur Weihnachtszeit
julehjerte *20 B6* Weihnachtsherz
julemand *14 C4* Weihnachtsmann
juletræ *20 B6* Weihnachtsbaum
juli *8 C1* Juli
juni *8 C1* Juni
jyde *13 L* Jütländer

K

kabel-tv *18 A1* Kabelfernsehen
kaffe *3 A1* Kaffee
kakao *3 B1* Kakao
kalender *9 A6* Kalender
kamera *4 Auftakt* Kamera
kanal *6 A1* Kanal
kande *3 C3* Kanne
kantine *19 A2* Kantine
kar *18 A4* Wanne
kartoffel *7 B1* Kartoffel
kartotek *F2 C* Kartei
kasket *5 C4* Schirmmütze
kasse *7 C4* Kasten, Kiste, Kasse
kaste *1 C3* werfen
kaste op *15 C6* sich erbrechen
katalog *6 B2* Katalog
kategori *3 B1* Kategorie
kedelig *14 C1* langweilig
kende *2 C3* kennen
kendt *14 B4* bekannt
kigge *6 C6* schauen
kigge på *1 Auftakt* anschauen
kilo *5 A1* Kilo
kilometer *11 A1* Kilometer
kind *15 Auftakt* Backe

kineser *9 B5* Chinese
kiosk *12 A2* Zeitungs- und Tabakgeschäft
kirke *14 B4* Kirche
kirsebær *7 B1* Kirsche
kjole *10 A1* Kleid
kladdehefte *F3 A* Kladde
klage over noget *16 B3* sich beschweren, etw. beanstanden
klar *10 C3* bereit, klar, heiter
klare sig *17 B4* zurechtkommen
klasse *8 B1* Klasse
klatre *19 C6* klettern
klaver *5 C2* Klavier
klikke *17 C1* anklicken
klippe *17 A2* schneiden
klippekort *11 K* Mehrfahrtenkarte
klit *6 A1* Düne
klokke *8 Auftakt* Glocke
klud *13 C1* Tuch
klæde sig på *15 C1* sich anziehen
km/t (kilometer i timen) *16 C1* Stundenkilometer
knallert *11 Auftakt* Mofa, Moped
kniv *10 C1* Messer
knus *20 B1* Umarmung
knuse *16 B3* zerschlagen
knæ *15 Auftakt* Knie
ko *19 C7* Kuh
kok *17 A1* Koch
kold *10 A2* kalt
kollega *17 A5* Kollege
kolonihave *9 Auftakt* Schrebergarten
kombination *7 B6* Kombination
kombinere *13 Auftakt* kombinieren
komfur *13 C1* Herd
komme *1 A1* kommen
komme for sent *20 A2* zu spät kommen
komme forbi *15 A5* vorbeikommen
komme hen til *5 A1* herankommen an
komme hjem *8 A2* nach Hause kommen
komme med et forslag *18 B6* einen Vorschlag unterbreiten

komme tilbage *12 A3* zurückkommen
kommode *18 A4* Kommode
kommune *9 B1* Gemeinde, Kommune
komparation *17 B4* Steigerung
komparativ *17 B4* Vergleichsstufe
komparere *18 B3* steigern
kompetence *17 AB* Kompetenz
kompliceret *14 C7* kompliziert
kompliment *20 B3* Kompliment
kompositum *6 A2* zusammengesetzes Wort
koncentreret *14 C7* konzentriert
kondisko *10 A1* Joggingschuh
kone *2 Auftakt* Frau, Ehefrau
konge *8 B4* König
konjugation *9 A4* Beugung
konjugere *9 A4* beugen
konjunktion *15 B5* Bindewort
konjunktiv *20 C1* Möglichkeitsform
konstruktion *19 B8* Konstruktion
konsulat *9 B1* Konsulat
kontaktannonce *14 C6* Kontaktanzeige
kontor *6 B4* Büro
kontrabas *9 B5* Kontrabass
kontrol *5 B1* Kontrolle
kontrollere *9 C2* kontrollieren
kop *3 A1* Tasse
korrekt *14 C7* korrekt
kort *Adv. 10 A2* kurz
kort *F4 B* Karte
kortspil *9 A1* Kartenspiel
kost *13 C1* Besen
koste *3 C3* kosten
kraftig *14 C2* kräftig
krans *20 A2* Kranz
kransekage *20 A1* Makronenkuchen
kreativitet *17 A1* Kreativität
kreditkort *5 Auftakt* Kreditkarte
krig *8 B4* Krieg
kro *4 A2* Gasthof
kronprins *8 C3* Kronprinz
kronprinsesse *8 C3* Kronprinzessin
krop *15 Auftakt* Körper

krus *5 Auftakt* Becher
kryds *2 Auftakt* Kreuz
krydsogtværs *F3 C* Kreuzworträtsel
kræft *17 B1* Krebs
krøllet *14 C2* lockig
kuffert *4 Auftakt* Koffer
kulturel *F3 D* kulturell
kun *1 B3* nur
kunde *7 C5* Kunde
kundeservice *17 AB* Kundendienst
kundskab *17 B1* Kenntnis
kunne *2 B1* können
kursus *17 B1* Kurs
kusine *9 B3* Cousine
kvadratmeter *18 A5* Quadratmeter
kvalifikation *17 A1* Qualifikation
kvalitet *17 A1* Qualität
kvart (over/i) *8 Auftakt* Viertel (nach/vor)
kvarter *18 B1* Viertel
kvinde *14 B1* Frau
kvindelig *14 C6* weiblich
kvittering *10 A4* Quittung
kyllingesandwich *3 Auftakt* Sandwich mit Hähnchen
kælder *18 A1* Keller
Kære ... *12 C5* Liebe ...
kæreste *4 A3* Freund(in), Verlobte(r)
kærlig *14 C6* zärtlich, liebevoll
kærlig hilsen *12 C5* liebe Grüße
kærlighed *8 B4* Liebe
købe *7 Auftakt* kaufen
købe ind *7 C1* einkaufen
københavner *13 L* Kopenhagener
købmand *6 A1* Kaufmann
kød *17 A2* Fleisch
køjeseng *6 A1* Etagenbett
køkken *5 Auftakt* Küche
kølervæske *16 B1* Kühlwasser
køre *4 A2* fahren
køre forkert *16 G* sich verfahren
køre nogen *8 B1* jmdn. befördern
kørekort *4 Auftakt* Führerschein
køretøj *16 C1* Fahrzeug
kørsel *12 B2* Fahrt

L

Lad os ... *19 A4* Lass/t uns ...
lade *2 C4* lassen
laks *3 C3* Lachs
lampe *18 A4* Lampe
land *1 B5* Land
landbrug *7 L* Landwirtschaft
lande *F3 C* landen
landevej *16 C1* Landstraße
landkort *2 C3* Landkarte
landmand *7 L* Bauer
lang *9 A1* lang
langfredag *20 B6* Karfreitag
langs *11 B4* entlang, längs
langsom *5 A1* langsam
langt *11 A1* weit, viel
lav *14 C3* klein
lave *2 B1* machen, tun
lave mad *2 B1* kochen
led *12 C1* Glied
lede efter *5 A1* suchen
ledig *12 B1* frei
lege *13 A2* spielen
legeplads *12 A2* Spielplatz
leje *4 A2* mieten
lejebetingelse *6 B2* Miet-
bedingung
lejekontrakt *18 B6* Mietvertrag
lejelejlighed *18 AB* Miet-
wohnung
lejlighed *17 B3* Wohnung,
Gelegenheit
lektie *5 C1* Hausaufgabe
lettelse *10 A7* Erleichterung
leve *14 L* leben
leverpostej *3 B1* Leberpastete
lide (at kunne ~) *2 B1* mögen
lidt *1 B3* ein bisschen
lige *Adv. 13 C8* gerade, gleich-
mäßig, gleich, direkt
lige ud *11 B4* geradeaus
ligegyldig *14 C1* gleichgültig
ligesom *2 A5* (so) wie
ligestillet *14 B4* gleichgestellt
ligeså *17 B4* genauso
ligge *2 Auftakt* liegen
ligge på stranden *12 C1* am
Strand liegen
liggeunderlag *4 Auftakt* Iso-
matte
lignende *17 A4* ähnlich
likør *19 C7* Likör
lilla *7 B3* violett

lille *3 B4* klein
lillebror *13 A2* kleiner Bruder,
Brüderchen
lillesøster *13 A2* kleine
Schwester, Schwesterchen
linje *11 A3* Strecke, Linie, Zeile,
Leitung
linse *20 B4* Linse
liste *16 A2* Liste
liter *5 A1* Liter
liv *12 Auftakt* Leben
lodret *F3 C* senkrecht
lommelygte *4 Auftakt*
Taschenlampe
loppemarked *6 C2* Flohmarkt
lotto *20 C4* Lotto
lufthavn *11 A5* Flughafen
lugte *15 AB* riechen
lukke *10 B1* schließen
lyde *4 C1* klingen, sich
anhören, lauten
lygte *16 Auftakt* Lampe
lykke *20 B4* Glück
lyn *6 C1* Blitz
lyne *6 C1* blitzen
lys *6 A1* Licht
lyseblå *10 A1* hellblau
lyskurv *11 B4* Ampel
lytte *1 A1* zuhören
læder *10 A1* Leder
læge *15 A5* Arzt
lægehus *17 A1* Ärztezentrum
lægesekretær *15 B8* Sprech-
stundenhilfe
lægevagt *15 A5* ärztlicher
Bereitschaftsdienst
lægge *6 C1* legen
lægge mærke til *5 A2*
bemerken
lækker *14 C7* lecker, schön,
prima, toll
længe *9 A1* lange
Længe leve! *14 B4* Lebe hoch!
længere *4 A2* längere
lære *2 B4* lernen
lære at kende *2 Auftakt*
kennen lernen
læremåde *F1 A1* Lernweise
lærer *14 C8* Lehrer
lærling *16 B1* Lehrling
læse *2 A1* lesen
læse højt *2 B2* vorlesen
læse til *14 A3* studieren

løbe *9 A1* laufen
løg *7 B1* Zwiebel
løn *17 A1* Lohn
lørdag *8 B1* Samstag, Sonn-
abend
løs *10 A2* lose
løse *17 A3* lösen, losmachen
løsning *7 A2* Lösung
lån *18 B1* Darlehen

M

mad *5 A1* Essen
maj *8 C1* Mai
maksimum *5 A1* Höchstmaß
male *9 A1* malen
maleri *18 B1* Gemälde
man *1 A2* man
mand *2 Auftakt* Mann, Gatte
mandag *8 B1* Montag
mandel *20 B6* Mandel
mange *4 A2* viele
Mange tak. *3 C4* Vielen Dank.
mangle *1 B3* fehlen
manglende *2 A5* fehlend
marcipan *20 A2* Marzipan
margarine *3 B1* Margarine
mark *6 A1* Feld
markere *6 C2* markieren
marts *8 C1* März
maskine *6 A1* Maschine
masse *20 C5* eine Menge
masser af *6 A1* Unmengen
matematisk linje *14 A3*
Mathematik (Leistungskurs)
materiale *10 A1* Material
mave *15 Auftakt* Magen,
Bauch
med *Präp. 1 B3* mit
med det samme *3 C4* sofort
med hjem *5 A1* mit nach Hause
med kort varsel *17 A1* kurz-
fristig
med venlig hilsen *17 B1* mit
freundlichen Grüßen
medbringe *16 G* mitbringen
medfølelse *15 A4* Mitgefühl
medføre *16 C1* zur Folge haben
medicin *15 C3* Arzneimittel
medlem *9 B2* Mitglied
meget *10 A4* sehr, viel, recht
meget godt *4 C3* sehr gut,
nicht schlecht
mekaniker *14 A6* Mechaniker

melde noget *9 B1* etwas melden
mellem *4 B1* zwischen, unter
mellemrumstast *17 C1* Leer-taste
melodi *14 B4* Melodie
men *Konj. 1 B3* aber
Men dog! *13 B3* Ach, du liebe Zeit!
mene *19 A3* meinen
mening *19 B1* Meinung
meningsudveksling *19 B4* Meinungsaustausch
menneske *11 B3* Mensch
menneskelig *14 C1* menschlich
mens *5 B1* während
menukort *3 C3* Speisekarte
mere *15 C3* mehr
mest *8 C4* am meisten
mester *16 B1* Meister
meter *6 A1* Meter
metro *11 A5* U-Bahn
mf. (midtfor) *18 A5* in der Mitte
middag *8 A1* Mittag
middag *(måltid) 9 A6* Dinner, Abendessen, Mittagessen
middagslur *15 B3* Mittags-schläfchen
midlertidig *16 C1* zeitweilig
midnat *8 A1* Mitternacht
midsommernat *20 B6* Mitt-sommernacht
midt *20 B6* mitten
mig *6 B2* mir
mikrobølgeovn *6 A1* Mikro-wellenherd
mikse *19 B3* mischen
miljøvenlig *16 L* umwelt-freundlich
mindst *12 B2* mindestens
minigolf *12 C3* Minigolf
minimum *16 C1* mindestens
minus *2 B4* minus, weniger
minusgrader *6 C1* Minusgrade
minut *6 A1* Minute
misfornøjelse *18 B4* Unzufrie-denheit
miste *15 C4* verlieren
mit/min *1 A1* mein/e
mobiltelefon *16 C1* Handy
modalverbum *15 C2* Modalverb
model *10 A4* Modell

moderne *6 A1* modern
modersmål *14 A3* Mutter-sprache
modstridende *19 B6* wider-streitend, widersprüchlich
modsætning *10 A2* Gegensatz
modtage *17 C1* empfangen
moin *1 A4* hallo
molbo *13 L* Einwohner von Mols
moms *16 B3* Mehrwertsteuer
mor *3 B5* Mutter
morbror *9 B2* Onkel (mütter-licherseits)
morfar *9 B3* Großvater (mütterlicherseits)
morgen *3 B4* Morgen
morgenmad *3 B1* Frühstück
mormor *9 A1* Großmutter (mütterlicherseits)
morsom *14 C1* lustig
moster *9 B3* Tante (mütter-licherseits)
motorcykel *4 A2* Motorrad
motorvej *16 C1* Autobahn
mulig *4 A2* möglich
mulighed *2 A4* Möglichkeit
mund *15 Auftakt* Mund
mundtligt *14 A4* mündlich
mur *18 C1* Mauer
murer *17 Auftakt* Maurer
mus *17 C1* Maus
museum *6 C2* Museum
musik *12 L* Musik
musikalsk *14 C7* musikalisch
myldretid *11 A3* Haupt-verkehrszeit
mysli *3 B1* Müsli
mytologi *8 B4* Mythologie
mælk *3 B1* Milch
mængde *7 C4* Menge
mærke *12 A1* Marke
møbel *6 A1* Möbel
møde *1 Auftakt* Begegnung
mødes *Verb 14 C6* sich treffen
mønster *9 A4* Muster
mørk *14 C2* dunkel
måde *18 B5* Art, Weise
mål *16 C3* Ziel
måne *8 B4* Mond
måned *4 C1* Monat
måske *18 B6* vielleicht
måtte *3 B5* dürfen, müssen

N

nabo *16 A3* Nachbar
narkotika *5 A1* Drogen
nat *8 A1* Nacht
national *20 B5* national
nationalitet *1 B5* Nationalität
nattevagt *20 A1* Nachtwache
natur *6 A1* Natur
naturlig *14 C7* natürlich
naturligvis *5 A1* natürlich
navn *1 A1* Name
ned *11 C1* herunter, hinunter
nede *11 C1* unten
nedenfor *11 B8* nachstehend, unten
nederdel *5 Auftakt* Rock
negativ *19 A5* negativ
nej *1 B3* nein
Nej tak. *3 B5* Nein, danke.
nemlig *4 C1* nämlich
netop *19 K* genau, gerade
nettet *6 B2* das Internet
nevø *9 B2* Neffe
niece *9 B3* Nichte
nogen *3 B3* jemand, einer, einige, welche(r/s)
nogensinde *13 C8* jemals, je
noget *3 C6* etwas, welche(r/s)
nogle *Pl. 5 C1* einige, welche
nok *Adv. 18 G* wohl, genug
nord *20 B5* Norden
Norden *20 B6* die skandi-navischen Länder
nordisk *8 B4* nordisch
nordmand *1 B5* Norweger
normal *14 C7* normal
normalt *10 A4* normalerweise
norsk *1 Auftakt* Norwegisch, norwegisch
notere *2 C3* notieren
november *8 C1* November
nu *4 A3* jetzt, nun
nummer *1 C4* Nummer
nummerere *1 C4* beziffern
nummerplade *16 Auftakt* Kennzeichenschild
ny *7 B6* neu
nybyggeri *18 A1* Neubauviertel
nyde *20 G* genießen
nygift *14 B4* frischverheiratet
nyhed *9 Auftakt* Neuigkeit, Nachricht
nylig *17 A1* neulich

nymalet *18 A1* frisch gestrichen

nyse *10 L* niesen

nyttig *5 Auftakt* nützlich

nytår *20 A* Neujahr

nytårsaften *20 A1* Silvester

nytårstale *20 B1* Neujahrsansprache

næ *19 A3* nee

nær- *16 Auftakt* Nah-

nærhed *9 C1* Nähe

nærmere *17 A1* näher, genauer

nærmeste *6 A1* nächster

næse *14 C2* Nase

næste *8 B1* nächste

næste uge *5 C1* nächste Woche

næsten *14 C2* fast

nævne *10 A1* nennen

nødhjælp *20 G* Katastrophenhilfe

nødtelefon *16 C1* Notrufsäule

nå *10 A6* schaffen, erreichen, einholen

Nå! *13 B3* Tatsächlich!

når *Konj. 4 A2* wenn, sobald

O

objekt *8 B3* Objekt

officiel *8 A1* offiziell

ofte *2 A4* oft

og *1 Auftakt* und

også *1 A1* auch

også godt *2 B2* auch gern

okay *5 A1* in Ordnung

oksekød *7 C4* Rindfleisch

oktober *8 C1* Oktober

oldefar *9 B3* Urgroßvater

olie *16 A1* Öl

om *Präp. 2 A5* um, von, über, an, in

om *Konj. 15 B4* ob, wenn

om *Adv. 18 G* um

om dagen *9 A6* tagsüber

om natten *15 A5* in der Nacht

om tre dage *5 C2* in drei Tagen

om ugen *17 A1* wöchentlich

omegn *14 C6* Gegend

omgang *17 B1* Umgang, Runde

omkring *11 A2* ungefähr

omme *18 G* um

område *14 B4* Gebiet, Bereich, Ressort, Raum

omskrivning *2 C7* Umschreibung

onsdag *8 B1* Mittwoch

op *11 C1* nach oben, hinauf

opdage *F3 D* entdecken

opdigte *F3 A* frei erfinden

opera *19 C6* Oper

opgang *18 A1* Treppenhaus

opgave *6 C4* Aufgabe

opholdsstue *6 A1* Wohnstube

opholdstilladelse *9 B1* Aufenthaltserlaubnis

oplive *20 B5* erheitern

oplyse *20 B5* erleuchten

oplysning *2 A5* Auskunft

opløsning *14 B4* Auflösung

oppe *11 C1* oben

oprindelig *16 L* ursprünglich

optaget *8 C5* belegt, ausgebucht, beschäftigt, besetzt

optegne *11 B6* aufzeichnen

opvaskemaskine *6 A1* Spülmaschine

opvækst *14 AB* Aufwachsen

orange *7 B3* orange

ord *1 B3* Wort

orden *5 A1* Ordnung

ordenstal *8 C3* Ordnungszahl

ordne *16 A1* erledigen

ordvalg *F3 D* Wortwahl

organisere *18 B6* organisieren

os *8 B1* uns

ost *3 Auftakt* Käse

ottetiden *9 A1* etwa um 8 Uhr

ovenfor *12 C4* oben

ovenpå hinanden *20 A2* übereinander

over *Präp. 5 A1* über, nach, an

over *Adv. 18 G* über, hinüber

overalt *18 G* überall

overbevist *17 B4* überzeugt

overdækket *6 A1* überdacht

overenskomst *17 A1* Tarifvertrag

over for *11 B1* gegenüber

overholde *16 C1* einhalten

overhovedet ikke *F3 D* gar nicht

overnatte *4 A2* übernachten

overraske *13 B3* überraschen

overraskelse *F3 E* Überraschung

overraskende *19 C2* überraschend(e/r)

overskrift *17 C1* Überschrift

overskyet *6 C1* stark bewölkt, bedeckt

overskæg *14 C3* Schnurrbart

oversætte *15 B6* übersetzen

oversættelse *15 B3* Übersetzung

overveje *16 A2* überlegen

ovn *6 A2* Ofen

ovre *11 G* drüben, vorüber, vorbei

P

pakistansk *14 A3* pakistanisch

pakke *7 C2* Packung

pakke *Verb 16 C3* packen

palmesøndag *20 B6* Palmsonntag

pande *15 Auftakt* Stirn

pandekage *3 C3* Eierpfannkuchen

panoramaudsigt *6 A1* Rundblick

papegøje *19 C2* Papagei

par *3 C6* Paar

parabol *6 A1* Parabolantenne

parcelhus *18 Auftakt* Einfamilienhaus

park *9 A1* Park

parkeringsplads *11 B1* Parkplatz

parketgulv *18 A1* Parkett

parlament *20 C7* Parlament

parti *20 B6* Partei

partner *3 A4* Partner

parvis *F3 C* paarweise

pas *4 Auftakt* Pass

Pas på! *17 A4* Pass auf!

passe *3 C4* passen, sitzen, stimmen, zutreffen

passende *15 A1* passend

patient *17 B1* Patient

pause *12 C2* Pause

peberfrugt *7 B1* Paprika

pege *15 A3* zeigen

penge *7 A1* Geld

penicillin *15 C5* Penizillin

perfekt *6 B2* perfekt

perfektum *13 C7* Perfekt, Vorgegenwart

perfektum participium *16 A2* Partizip Perfekt, Partizip II

person *2 A2* Person

personaleafdeling *17 B1* Personalabteilung

personalechef *17 B3* Personalchef

personlig *2 A3* persönlich

personlighed *14 C3* Persönlichkeit

personligt pronomen *2 A3* Personalpronomen

personnummer *9 B1* Personenkennzeichen

picnic *12 Auftakt* Picknick

piercing *14 C2* Piercing

pige *13 B1* Mädchen

piktogram *12 Auftakt* Piktogramm

pille *15 C5* Pille

pine *15 A2* Pein, Qual

pink *7 B3* pink

plade *7 C4* Tafel

plads *6 A1* Platz

plan *8 B1* Plan

planlægge *4 A3* vorbereiten

planlægning *4 A1* Planung

platte *3 Auftakt* Platte

plejehjem *9 AB* Pflegeheim

pleje *17 A3* pflegen

pligt *13 B1* Pflicht

plombere *15 C4* plombieren

pludselig *20 B4* plötzlich

pluralis *5 A5* Plural, Mehrzahl

plus *2 B4* plus

plusgrader *6 C1* Plusgrade

plusquamperfektum *16 A2* Plusquamperfekt

Pokkers også! *4 B1* Verflixt!, So'n Mist!

polere *13 C6* polieren, putzen

politibetjent *5 B1* Polizeibeamter

politiker *14 C8* Politiker

pomfrit *10 C3* Pommes frites

pool *6 B2* Pool

populær *14 C7* populär

pose *7 C4* Tüte

positiv *14 C2* positiv, Grundstufe (beim Vergleich)

possessivpronomen *14 B1* besitzanzeigendes Fürwort

postbud *17 Auftakt* Briefträger

posthus *7 Auftakt* Postamt

postkasse *12 Auftakt* Briefkasten

postkort *7 A4* Postkarte

postnummer *9 C1* Postleitzahl

pr. (per) *6 A1* pro, je

praktisk *14 C7* praktisch

printe *17 C1* ausdrucken

printer *17 C1* Drucker

pris *3 C3* Preis

privat *4 A2* privat

problem *7 A2* Problem

producere *7 L* erzeugen, ausstoßen

program *6 C2* Programm

programmør *17 A3* Programmierer

promillegrænse *16 C1* Promillegrenze

pronomen *2 A3* Fürwort

proptrækker *13 C1* Korkenzieher

protestantisk *20 B5* protestantisch

præcis *14 C7* präzis(e), genau

præposition *11 B1* Verhältniswort

præsens *1 B1* Präsens, Gegenwart

præsens participium *19 C2* Partizip Präsens, Partizip I

præsentere sig *17 B4* sich vorstellen

præteritum *9 A4* Präteritum

prøve *3 B3* versuchen, anprobieren, prüfen, probieren

prøverum *10 A4* Anproberaum

prøvetid *17 B3* Probezeit

pudse *13 B3* putzen

pung *4 Auftakt* Geldbörse

punkt *20 C7* Punkt

puslerum *12 Auftakt* Wickelraum

putte *F2 B1* stecken

pynte *20 B6* schmücken

pædagog *17 A3* Erzieher

pæn *7 B6* nett

pære *7 B1* Birne, Glühbirne

pølse *17 A2* Wurst

på *Präp. 1 Auftakt* auf, an, in

på cykel *9 A1* mit dem Fahrrad

på forhånd *16 B2* im Voraus

på gensyn *1 C4* bis bald

på skift *14 C5* abwechselnd

på venstre hånd *11 B4* auf der linken Seite

på venstre side *11 B1* auf der linken Seite

pågældende *14 C2* betreffend

pårørende *Pl. 17 B1* Angehörige/r

påske *20 Auftakt* Ostern

Q

quiz *20 C7* Quiz

R

radarkontrol *16 C1* Radarkontrolle

radio *6 A1* Radio

rar *14 C1* nett, gemütlich

rask *15 B1* gesund, wohl

rat *16 Auftakt* Steuer, Lenkrad

reaktion *16 B3* Reaktion

reception *17 AB* Empfang

receptionist *8 C6* Empfangssekretär

reel *14 C6* reell

refleksiv *15 B1* reflexiv, rückbezüglich

regel *7 B5* Regel

region *F3 B* Region

regn *6 C1* Regen

regne *6 C1* regnen

regne med *17 B4* rechnen mit

regnestykke *2 B4* Rechenaufgabe

regning *10 C3* Rechnung

regnjakke *4 Auftakt* Regenjacke

reje *3 C3* Garnele

rejecocktail *10 C3* Krabbencocktail

rejse *2 B1* reisen

rejse rundt *16 C1* herumreisen

rejseforberedelser *4 Auftakt* Reisevorbereitungen

rejsetaske *4 Auftakt* Reisetasche

rekonstruere *13 B1* rekonstruieren

relativ *16 C1* relativ

relativsætning *12 A3* Relativsatz

religion *20 B5* Religion

religionsfrihed *20 B5* Religionsfreiheit

rengøring *13 C2* Hausputz

rengøringshjælp *17 A1* Putzhilfe

reol *18 A4* Bücherbord, Regal

reparere *13 B3* reparieren

repræsentere *19 B6* vertreten

reserve- *16 Auftakt* Reserve-, Ersatz-

reservere *8 C1* reservieren

restaurant *10 C1* Restaurant

ret *3 Auftakt* Gericht

ret *Adv. 18 G* ziemlich, recht

ret til *17 B4* Anspruch haben

retning *11 A5* Richtung

retssag *17 A3* Prozess

rette *F3 D* berichtigen

retten *17 A3* Gericht (Jura)

returbillet *11 A3* Rückfahrkarte

rig *20 G* reich

rigdom *20 B4* Reichtum

rigtig *Adj. 2 Auftakt* richtig

rigtig *Adv. 4 C1* recht, ganz, sehr

ringe *4 C5* anrufen

ringe på *18 B6* klingeln

ris *7 C4* Reis

ris á la mande *20 B6* Milchreis mit einer Mandel versteckt

ro *6 A1* Ruhe

rolle *5 A1* Rolle

rollespil *6 B5* Rollenspiel

roman *19 A3* Roman

rude *16 Auftakt* Scheibe

rulle *20 A2* rollen

rum *12 Auftakt* Raum

rundkørsel *11 B4* Kreisverkehr

rundstykke *3 B1* Brötchen

rundt *Adv. 11 L* herum

rundt om *6 A1* herum

russer *1 B5* Russe

russisk *1 Auftakt* Russisch, russisch

rute *11 B6* Route

rutebilstation *11 B1* Busbahnhof

rydde op *9 A1* aufräumen

ryg *15 A1* Rücken

ryge *15 C2* rauchen

rygning *6 A1* Rauchen

rygsæk *4 Auftakt* Rucksack

række *13 C9* Reihe

række *Verb 20 C1* reichen

række tungen ud *15 B8* die Zunge herausstrecken

række ud *15 C1* rausstrecken

rækkefølge *4 B7* Reihenfolge

rækkehus *18 Auftakt* Reihenhaus

rød *7 B3* rot

rødgrød *5 C4* rote Grütze

røgfrit hus *6 A1* Nichtraucherhaus

røntgenfotografere *15 C4* röntgen

rør *17 A3* Rohr

røre sig *19 C6* sich bewegen

rå *20 A2* roh

råbe *16 C5* rufen

råd *15 A5* Rat

rådhus *10 K* Rathaus

rådighed *6 A1* Verfügung

S

sag *19 K* Sache

sagnhelt *20 L* Sagenheld

sagtens *19 A3* ohne weiteres

saks *13 C1* Schere

sal *11 C2* Stockwerk, Saal

salat *20 B1* Salat

salg *17 AB* Verkauf

salme *20 B4* Kirchenlied

salt(en) *20 C8* salzig

samles *20 B4* sich versammeln

samlever *13 A3* Lebensgefährte

samme dag *15 B8* am gleichen Tag

sammen *2 A1* zusammen

sammenligne *7 B6* vergleichen

sammenligning *17 B7* Vergleich

sammenskudsgilde *20 A1* privates Fest, zu dem jeder etw. beiträgt

samt *6 A1* sowie

samtale *1 B2* Gespräch

sandal *10 A1* Sandale

sandhed *20 B5* Wahrheit

sandkasse *6 A1* Sandkasten

sandsynligvis *18 G* wahrscheinlich, vorraussichtlich, vermutlich

sandwich *3 Auftakt* Sandwich

sang *8 C4* Lied

sankthans *20 Auftakt* Johannistag

sans *F2 C* Sinn

sansekanal *F1 A1* Sinneskanal

satellit-tv *6 A1* Satellitenfernsehen

sauna *6 A1* Sauna

scene *10 A10* Szene

se *5 A1* sehen

se fjernsyn *2 B1* fernsehen

se på *10 A1* anschauen

se ud *14 C1* aussehen

seddel *7 A1* Zettel, Geldschein

sejlbåd *20 C5* Segelboot

sejle *4 A2* fahren (über das Meer)

selskab *17 A1* Gesellschaft

selv *4 B8* selbst

Selv tak. *3 C4* Danke gleichfalls. Ich danke auch.

selvfølgelig *10 A4* natürlich

selvom *10 A6* obwohl

sen *8 A2* spät, langsam, zeitraubend

sende *6 B2* schicken

sende en e-mail *17 C1* eine E-Mail (ver)senden

senere *9 B1* später

seng *5 Auftakt* Bett

sengeplads *6 A1* Schlafgelegenheit

sengetøj *13 B3* Bettwäsche

september *8 C1* September

servere *17 A2* servieren

serviet *10 C1* Serviette

ses *1 C4* sich sehen

seværdighed *19 G* Sehenswürdigkeit

shoppe *2 B1* Einkaufsbummel machen

sidde *9 B5* sitzen

side *2 C3* Seite

sidemand *2 C4* Tischnachbar

siden *Adv. 17 B1* seitdem, später, nachher

sidste *9 Auftakt* letzte

sidste år *9 A7* letztes Jahr

sige *1 A2* sagen

Sikke en uge! *8 B1* Was für eine Woche!

sikke et held *10 A6* so ein Glück

Sikke noget! *15 A4* Du meine Güte!

sikkerhedssele *16 C1* Sicherheitsgurt
sikkert *3 B5* sicher
sikre *20 B4* sichern
silke *10 AB* Seide
sin *14 B1* sein(e)/ihr(e)
sind *14 C6* Gemüt
single *2 A5* Single
singularis *F2 B2* Singular, Einzahl
sjov *9 A1* lustig
sjældent *11 Auftakt* selten
skab *6 A2* Schrank
skabe *F1 B* gestalten
skaldet *14 C2* glatzköpfig
skat *8 B1* Schatz
ske *10 C1* Löffel
ske *Verb 15 A4* geschehen
skema *6 A3* Schema
skidt *15 B1* schlecht
skifte *11 A3* umsteigen, wechseln, ändern
skiftevis *10 B2* abwechselnd
skille ad *13 C2* trennen
skilt *Verb 2 A5* geschieden
skilt *12 B1* Schild
skinke *3 Auftakt* Schinken
skinne *6 C1* scheinen
skitse *6 Auftakt* Skizze
skjorte *5 Auftakt* Hemd
sko *5 Auftakt* Schuhe
skoforretning *10 Auftakt* Schuhladen
skole *8 B1* Schule
skov *6 C2* Wald
skovle *13 C7* schaufeln
skovtur *8 B1* Ausflug im Wald
skrift *17 C1* Schrift
skriftstørrelse *17 C1* Schriftgröße
skrifttype *17 C1* Schriftart
skrive *4 Auftakt* schreiben
skrive ind *9 A2* einschreiben
skrive ned *6 C4* niederschreiben
skrive op *6 A2* aufschreiben
skulle *3 A1* sollen, müssen, werden
skulle tidligt op *20 G* früh aufstehen müssen
skur *6 A1* Schuppen
sky *6 C1* Wolke
skyde *20 B4* schießen

skylle *15 C4* spülen
skynde sig *10 B2* sich beeilen
skæg *19 A5* lustig
skændes *14 B2* sich zanken
skære sig *15 A2* sich schneiden
skærm *17 C1* Bildschirm
skål *9 Auftakt* Schüssel
Skål! *14 B4* Zum Wohl!, Prost!
slags *11 A3* Art, Sorte
slagter *10 Auftakt* Metzger
slank *14 C2* schlank
slappe af *2 B1* sich entspannen
slet ikke *20 B4* gar nicht
slette *17 C1* löschen
slik *7 C4* Süßigkeiten
slips *9 L* Krawatte
sludre *20 A2* schwatzen
slukke *17 C1* ausmachen
slutrengøring *6 A1* Endreinigung
slæbe *16 B3* abschleppen
sløj *15 B1* unpässlich, schlapp
slør *14 B4* Schleier
slå *15 A2* stoßen, schlagen
slå græs *13 C7* den Rasen mähen
slå op *17 B1* ausschreiben, Schluss machen, nachschlagen, aufmachen
smadderflot *20 B1* prima, toll
smag *18 B4* Geschmack
smage *10 C3* schmecken
smeltechokolade *20 A2* Kuvertüre, Blockschokolade
smerte *15 A1* Schmerz
smertestillende *15 C5* schmerzstillend
smile *19 AB* lächeln
smilende *F3 E* lächelnd(e/r)
smuk *6 A1* schön
smække med døren *14 B2* die Tür zuschlagen
smør *3 B1* Butter
smørrebrød *3 Auftakt* belegtes Brot
små *Pl. 7 B4* kleine
snakke *9 A1* sprechen
snakke sammen i telefonen *17 B4* telefonieren
snaps *13 G* Schnaps
snart *4 A3* bald
sne *6 C1* schneien

snedker *17 A3* Tischler
snefnug *6 C1* Schneeflocke
snobbet *19 B3* snobistisch
sodavand *3 A1* Limonade, Brause
sofa *13 C4* Sofa
sok *5 Auftakt* Socke
sol *6 C1* Sonne
solcreme *12 B6* Sonnencreme
solskinsvejr *6 C1* Sonnenschein
som *Konj. 14 B4* wie, als
somme tider *11 Auftakt* manchmal, zuweilen
sommer *5 C2* Sommer
sommerferie *6 B2* Sommerferien
sommerhus *4 A2* Ferienwohnung
sort *7 B3* schwarz
sortere *1 C4* sortieren
sove *3 B4* schlafen
sovepose *4 Auftakt* Schlafsack
soveværelse *6 Auftakt* Schlafzimmer
sovs *10 AB* Soße
spa *6 A1* Spa
spand *13 C1* Eimer
spanier *1 B5* Spanier
spansk *1 Auftakt* Spanisch, spanisch
speciel *Adv. 6 B2* speziell, besonders
spegepølse *3 B1* Dauerwurst
spejl *16 Auftakt* Spiegel
spejle *20 C8* spiegeln
spids *20 A2* Spitze
spil *6 C2* Spiel
spille *2 B1* spielen
spiller *F4 B* Spieler
spir *19 L* Turmspitze
spiritus *5 A1* hochprozentiger Alkohol
spirituskørsel *16 C1* Fahren unter Alkoholeinfluss
spise *3 A3* essen
spisevaner *3 Auftakt* Essgewohnheiten (Pl.)
spor *11 A5* Gleis
sportsklub *9 A1* Sportverein
sporvogn *11 Auftakt* Straßenbahn

springe over *F2 B2* einmal aussetzen

sprog *1 Auftakt* Sprache

sprøjte *15 B1* Spritze

sprøjte *Verb 20 A2* spritzen

spytte ud *15 C4* ausspucken

spædbarn *3 B4* Säugling

spændende *16 G* spannend

spændt *20 B1* gespannt

spørge (om) *2 A5* fragen (nach)

spørge sig frem *F3 C* sich durchfragen

spørgende pronomen *9 C1* Interrogativpronomen, Frage-pronomen, Fragefürwort

spørgeord *6 AB* Fragewort

spørgsmål *1 A3* Frage

squash *7 B1* Zucchino/Zucchini (Sing.)

st. (stuen) *18 A5* Erdgeschoss

stable *20 A2* schichten

stadig *14 G* noch

stadigvæk *18 G* immer noch

stadion *11 B1* Stadion

stakit *5 C4* Zaun

Stakkels dig! *15 A4* Ach, du Ärmste(r)!

stamme *9 A4* Stamm

stamme fra *8 B4* (ab)stammen

stamtræ *13 A1* Stammbaum

standse *16 C5* halten

stang *20 A2* Stange

starte *17 B3* anfangen

statborgerskab *14 A3* Staats-bürgerschaft

station *11 B1* Bahnhof

stationcar *9 AB* Kombiwagen

stationær *12 A4* stationär

statistik *14 B4* Statistik

stativ *5 C4* Stativ

statskirke *14 B4* Staatskirche

stave (til) *2 C1* buchstabieren

sted *4 A2* Ort

steg *20 B6* Braten

stegepande *13 C1* Bratpfanne

stegt rødspætte *10 AB* gebratene Scholle

sten *16 B3* Stein

stereoanlæg *6 A1* Musikanlage

stige af *11 C2* aussteigen

stige ud *5 A1* aussteigen

stikkontakt *12 B7* Steckdose

stille *10 A9* still, ruhig

stille *Verb 20 B1* stellen

stille spørgsmål *F3 A* Fragen stellen

stilling *17 A1* Anstellung

stilstand *11 C1* Stillstand

S-tog *11 Auftakt* S-Bahn

stol *18 A4* Stuhl

stoppe *19 C1* anhalten

stopskilt *16 C5* Stoppschild

stor *6 A1* groß

storby *16 G* Großstadt

straks *18 B5* sofort

stram *10 A2* stramm

strand *6 A1* Strand

stresset *10 B3* gestresst

struktur *15 B6* Struktur

strøm *12 B2* Strom

stråle *19 AB* strahlen

strålende *19 C1* strahlend(e/r)

studentereksamen *14 Auftakt* Abitur

studerende *Pl. 14 L* Studenten

stue *6 Auftakt* Stube, Wohn-zimmer

stueetage *18 B4* Erdgeschoss

stykke *3 A3* Stück

stærk *14 C1* stark

støde på *18 C1* anstoßen

størrelse *10 A4* Größe

støvle *10 A1* Stiefel

støvsuge *13 C2* staubsaugen

støvsuger *13 C1* Staubsauger

stå *7 C2* stehen

stå op *8 A2* aufstehen

subjekt *18 C1* Subjekt

substantiv *6 A1* Nomen, Hauptwort, Nennwort

sulten *10 A9* hungrig

sund *14 C7* gesund

sundhed *15 Auftakt* Gesund-heit

superlativ *17 B4* Höchststufe (beim Vergleich)

supermarked *10 Auftakt* Supermarkt

surfe på (inter)nettet *17 C1* im Internet surfen

svag *9 A4* schwach

svar *1 A3* Antwort

svare til *16 C1* entsprechen

svend *16 B1* Geselle

svensk *1 Auftakt* Schwedisch, schwedisch

svensker *1 B5* Schwede

svigerinde *9 B3* Schwägerin

svigermor *9 B3* Schwieger-mutter

svigersøn *13 Auftakt* Schwiegersohn

svimmel *15 C7* schwindelig

svinekød *10 AB* Schweine-fleisch

svoger *9 B2* Schwager

svær *20 C6* schwierig

svømme *2 B1* schwimmen

svømmehal *19 AB* Hallenbad

svømning *5 C2* Schwimmen

sweater *10 A1* Pullover

syd *F3 B* Süd

sydpå *12 B5* nach Süden

syg *15 B1* krank

sygdom *15 Auftakt* Krankheit

sygedag *15 C2* Krankheitstag

sygehus *11 B1* Krankenhaus

sygeplejer(ske) *17 Auftakt* Krankenpfleger, Kranken-schwester

sygesikringskort *15 B7* Krankenversicherungskarte

syltetøj *3 B1* Eingemachtes

symbol *6 C1* Symbol

symptom *15 A4* Symptom

synes *10 A4* meinen

synes godt om *12 A4* mögen

synge *2 B1* singen

sædvanligvis *18 G* gewöhnlich, in der Regel

sæk *7 C4* Sack

sælge *14 B1* verkaufen

sænke *F3 C* senken

særlig *Adv. 10 A4* besonders

sætning *2 Auftakt* Satz

sætte *2 Auftakt* setzen

sætte en vask over *13 C2* eine Waschmaschinenladung in Gang setzen

sætte kryds ved *2 Auftakt* ankreuzen

sætte sammen *2 Auftakt* verbinden

sætte sig *15 B3* sich setzen

sætte sig ned *17 B4* sich hin-setzen

sætte streg under *9 A2* unter-
streichen
sø *6 C3* See
sød *14 C1* lieb, nett, süß,
reizend
søge *14 C6* suchen
søge om *9 B1* beantragen
søn *8 L* Sohn
søndag *3 B4* Sonntag
sønderjysk *14 C6* südjüt-
ländisch
sørge for *20 B4* für etwas
sorgen
søskende *9 B3* Geschwister
søster *2 A1* Schwester
så *Adv.* *2 B2* dann, so, deshalb
så *Konj.* *20 A2* so dass
så længe *10 C3* bis dann
sådan *Adv.* *10 A4* so

T

tabe sig *15 B3* abnehmen
tabel *9 A3* Tabelle
tage *4 A1* nehmen
tage af sted *9 A1* abfahren
tage afsked *19 C1* sich ver-
abschieden
tage med *4 A1* mitnehmen
tage mod til sig *19 C1* sich ein
Herz fassen
tage på stranden *6 C2* zum
Strand gehen
tage på telttur *4 A1* zelten
fahren
tage til *5 C1* gehen/fahren zu
tage tøj på *12 C1* sich anziehen
tage tøjet af *15 C1* sich aus-
ziehen
tag-selv-bord *20 B1* Büffet
tak *2 C2* danke
tak for sidst *20 B1* es war
schön
takketale *10 L* Dankesrede
tal *1 C1* Zahl
tale *Verb* *1 Auftakt* sprechen
tale *14 B4* Rede
taleboble *13 B3* Sprechblase
talende *19 C2* sprechend
talesprog *2 C7* gesprochene
Sprache
tallerken *10 C1* Teller
talrække *5 C3* Zahlreihe
tand *15 Auftakt* Zahn

tandpasta *7 C4* Zahnpasta
tanke op *16 A1* betanken,
auftanken
tankstation *10 Auftakt* Tank-
stelle
tavle *6 A2* Tafel
taxa *11 Auftakt* Taxi
te *3 A1* Tee
team *17 A1* Team
teamwork *17 A1* Teamarbeit
teater *19 Auftakt* Theater
tegne *18 L* zeichnen
tegning *10 A3* Zeichnung
tekst *4 A2* Text
telefonboks *12 Auftakt*
Telefonzelle
telefonisk *10 C2* telefonisch
telefonnummer *4 B9* Telefon-
nummer
telefonsamtale *4 C1* Telefonat
telt *4 Auftakt* Zelt
tema *6 Auftakt* Tema
temmelig *16 A2* ziemlich
temporal *18 B5* zeitlich
tennis *8 B1* Tennis
tennisbane *12 C3* Tennisplatz
terning *1 C3* Würfel
terrasse *6 Auftakt* Terrasse
terror *12 B1* Terror
teste *F1 A2* testen
th. (til højre) *18 A1* rechts
tid *4 A2* Zeit
tidlig *8 A2* früh
til *Präp.* *1 B2* zu, nach, in, an,
für
til at starte med *17 B4* am
Anfang
til fods *11 A5* zu Fuß
til gengæld *18 B6* andererseits,
dafür
til leje *6 A1* zu vermieten
til lejligheden *20 B1* für den
Anlass/die Gelegenheit
til næste år *5 C2* nächstes Jahr
til sidst *20 A2* zum Schluss
til slut *19 B1* schließlich
til venstre for *11 B3* links von
tilbage *7 C2* zurück
tilbehør *18 A4* Zubehör
tilbud *7 C2* Angebot
tilbyde *6 B2* anbieten
tilflytte *17 A1* zuziehen

tilfreds med *12 A3* zufrieden
mit
tilfredshed *18 B4* Zufrieden-
heit
tilfælde *15 A5* Fall
tilgodebevis *10 A4* Gutschein
tilhøre *14 B4* angehören, ge-
hören
tilkalde *16 B3* alarmieren
tilladt *6 A1* erlaubt
Tillykke! *14 B4* Herzlichen
Glückwunsch!
tillægge *14 C2* zuschreiben
tilpas *15 B1* wohl (fühlen)
tilstedeværelse *F3 E*
Anwesenheit
tilstopning *17 A3* Verstopfung
tilsvarende *4 A2* entsprechend
tiltale *20 C1* ansprechen
tiltrække *19 AB* anziehen
tiltrækkende *19 G*
anziehend(e/r)
time *16 C1* Stunde
timeløn *17 A1* Stundenlohn
ting *6 C6* Ding, Sache
tirsdag *8 B1* Dienstag
tit *11 Auftakt* oft, häufig
tjener *10 C5* Kellner
tjenerelev *17 A1* Kellner-
lehrling
to og to *9 B3* zu zweit
tobak *5 A1* Tabak
tog *4 A2* Zug, Eisenbahn
toilet *6 A1* Toilette
toldbetjent *5 A1* Zollbeamter
toldeftersyn *5 A1* Zollkontrolle
tom *F3 C* leer
tomat *7 B1* Tomate
top *20 C8* Spitze
torden *8 B4* Donner
torsdag *8 B1* Donnerstag
torv *11 A5* Marktplatz
total *16 B3* Gesamtsumme
tradition *20 B6* Tradition
trafik *11 A3* Verkehr
tragisk *17 B1* tragisch
transport *11 Auftakt* Transport
transportmulighed *4 A2*
Transportmöglichkeit
travl *4 C1* viel beschäftigt,
arbeitsreich, belebt
trefoldig *14 B4* dreifach
trist *14 C1* traurig

tro *9 B1* glauben
træ *6 A1* Holz, Baum
træde ind *20 B1* eintreten
træffe *14 A3* treffen
trække ud *15 C4* herausziehen
træne *2 B1* trainieren (Fitness)
trænge til *12 C2* brauchen
træning *15 C7* Training
træt *9 A1* müde
trådløs *12 A4* drahtlos
tube *7 C4* Tube
tun *7 C4* Thunfisch
tunge *15 C1* Zunge
tungebrækker *5 C4* Zungen-
brecher
tur *4 A4* Reise, Fahrt
turist *11 L* Tourist
tv *6 A1* Fernsehen
tv. (til venstre) *18 A5* links
tværtimod *19 B5* im Gegenteil
tyk *10 A2* dick
tynd *10 A2* dünn
type *11 A5* Typ
typisk *18 B6* typisch
tyrker *1 B5* Türke
tyrkisk *1 Auftakt* Türkisch,
türkisch
tysk *1 Auftakt* Deutsch,
deutsch
tysker *1 B2* Deutsche
tænde *17 C1* starten
tænke *14 B2* denken
tæppe *18 A4* Teppich
tæt ved *12 A4* nahe bei
tøj *5 A1* Kleidung
tøjbutik *10 Auftakt*
Bekleidungsgeschäft
tømrer *17 Auftakt* Zimmer-
mann
tørklæde *5 AB* Tuch
tørre støv af *13 B3* Staub
wischen
tørretumbler *6 A1* Trockner
tørstig *12 C1* durstig
tålmodig *14 C1* geduldig
tårn *20 A2* Turm

U

uanset *20 B5* ungeachtet
ubehagelig *14 C1* unangenehm
ubestemt *5 A5* unbestimmt
ud *11 C1* heraus, hinaus

uddannelse *14 Auftakt* Aus-
bildung
uddannet *17 A1* ausgebildet
ude *11 C1* draußen, aus
udelukkende *F3 E* ausschließ-
lich
uden *6 B2* ohne
uden for *18 B1* außerhalb
udendørs *6 A1* im Freien
udenfor *7 A1* draußen
udenlandsk *17 A1* ausländisch
udenrigs- *11 A5* Auslands-
udfylde *1 B3* ausfüllen
udgang *6 A1* Ausgang
udgift *18 A5* Ausgabe
udlede *9 C3* ableiten
udlejes *18 A1* wird vermietet
udlejning *6 Auftakt* Ver-
mietung
udlænding *F3 D* Ausländer
udmattet *16 A2* erschöpft
udmærket *4 C3* nicht schlecht
udsagn *10 B1* Aussage
udseende *14 C3* Aussehen
udsigt *6 A1* Aussicht
udskiftning *16 B3* Austausch
udstyr *12 B1* Ausstattung
udtale *1 A4* Aussprache
udtale *Verb 4 B7* aussprechen
udtalelse *18 AB* Äußerung
udtryk *4 A2* Ausdruck
udtrykke *20 C1* ausdrücken
udvikle *17 A3* entwickeln
uenighed *19 B4* Uneinigkeit
uge *5 C1* Woche
ugift *17 B1* ledig
uheld *16 C1* Unfall
uld *10 A1* Wolle
ulempe *18 A2* Nachteil
umådelig *18 B6* ungeheuer,
enorm
under *Präp. 4 Auftakt* unter,
während, bei, in
underskrift *10 C3* Unterschrift
underskrive *18 B6* unter-
schreiben
undersøge *15 C5* untersuchen
undertøj *5 A1* Unterwäsche
undervejs *11 K* unterwegs
undervise *17 A2* unterrichten
undervisning *F3 D* Unterricht
Undskyld! *5 A1* Entschuldi-
gung!

ung *14 C3* jung
unge *Pl. 14 L* Jugendliche
universitet *14 A2* Universität
upassende *F3 D* unangebracht
ur *8 Auftakt* Uhr
uregelmæssig *10 A9* unregel-
mäßig
urtepotte *13 C1* Blumentopf
urtete *3 A1* Kräutertee
ustemt *2 C2* stimmlos
utrolig glad for *18 B4* sehr
zufrieden mit
utålmodig *14 C1* ungeduldig
uvenlig *14 C1* unfreundlich

V

vagt *15 A5* Dienst
vaje *20 B6* wehen
vand *3 B1* Wasser
vandafgift *6 A1* Wassergeld
vande *16 G* gießen
vandland *6 C2* Erlebnisbad
vandre *2 B1* wandern
vandrehjem *4 A2* Jugend-
herberge
vandret *F3 C* waagerecht
vandskade *17 A3* Wasser-
schaden
vanskelig *17 B1* schwierig
vare *7 C1* Ware
varm *3 A1* warm
varm chokolade *3 A1* heiße
Schokolade
vask *18 A4* Spüle
vaske *8 B4* waschen
vaske op *9 A1* abwaschen
vaskedag *8 B4* Waschtag
vaskemaskine *6 A1* Wasch-
maschine
vasketøj *13 C2* Wäsche
ved *Präp. 6 A1* an, bei, um,
durch
ved hjælp af *19 B7* mit Hilfe
von
ved siden af *7 C2* (da)neben
vedhæng *17 C1* Anhang
vedlagt *14 C6* beigefügt
vej *5 B1* Straße
vejkort *4 Auftakt* Straßenkarte
vejr *6 C1* Wetter
veksle *7 A1* wechseln
vel nok *Adv. 20 AB* aber,
vielleicht

velbekomme *10 C3* gesegnete Mahlzeit

velkommen *17 B4* willkommen

vellykket *19 C2* gelungen

ven *5 C1* Freund

veninde *3 A3* Freundin

venlig *14 C1* freundlich

venstre *11 B3* links

vente *15 B1* warten

verbum *1 B1* Verb, Zeitwort

Vesterhavet *6 A1* die Nordsee

vestkyst *7 C1* Westküste

vestnordisk *8 B4* Westnordisch

vi *2 Auftakt* wir

vi ses *1 C4* bis bald

Vi skal til ... *5 A1* Wir fahren nach ...

vide *6 B4* wissen

video *6 A1* Video

videre *F3 A* weiter

videregående uddannelse *14 Auftakt* Hochschulbildung

viderekommen *17 B3* fortgeschritten

videreuddannet *17 B1* fortgebildet

vie *8 B4* weihen

vielse *14 B4* Trauung

vielsesceremoni *14 B4* Trauungszeremonie

vigtig *6 B4* wichtig

Vil du venligst ...? *5 A1* Würdest du bitte ...?

Vil du være så venlig at ...? *5 A1* Würdest du bitte ...?

vild *13 C10* wild

villa *18 A1* Villa

ville *2 C7* wollen

vin *3 A1* Wein

vind *6 C1* Wind

vinde *F3 C* gewinnen

vindrue *7 B1* Traube

vindue *10 C3* Fenster

vinduesvisker *16 Auftakt* Scheibenwischer

vinter *6 L* Winter

virke *7 A1* funktionieren, wirken

virkelig *15 B1* wirklich

virksomhed *14 A3* Unternehmen

vis *18 B1* Art, Weise

vise *14 C3* zeigen

vist *19 C1* gewiss

vistnok *18 G* soviel ich weiß

vittighed *13 L* Witz

vogn *12 B1* Wagen

vokal *9 B5* Selbstlaut

vokse *7 L* wachsen

vokse op *14 Auftakt* aufwachsen

voksen *6 B2* Erwachsener

vores *13 A2* unser/e

vugge *19 C1* wiegen

vuggestue *14 Auftakt* Kinderkrippe

vurdere *F1 A3* bewerten

vvs-installatør *17 A3* Gas- und Wasserinstallateur

væg *12 B2* Wand

vække *9 A1* wecken

vældig flot *18 K* enorm toll

vælge *2 C4* wählen

værdsætte *F3 D* schätzen

være *1 A1* sein

være bange *15 C4* Angst haben

være egnet *12 L* geeignet sein

være født *14 A1* geboren sein

være glad for *10 A6* sich freuen über

være inviteret *19 A3* eingeladen sein

være klædt *14 B4* gekleidet sein

være med på *18 B6* einverstanden sein

være med til *20 B6* teilnehmen

være nødt til *9 B1* müssen, gezwungen sein

være sikker på *19 A3* sicher sein

være ude at gå tur *10 B2* spaziergehen

være ved at *14 B2* dabei sein zu ...

være vild med *14 B2* sehr gern haben, begeistert von etw. sein

værelse *6 Auftakt* Zimmer

værksted *16 B1* Werkstatt

værnepligt *14 Auftakt* Wehrdienst

værsgo *3 C4* bitte

vågne *20 L* aufwecken

W

weekend *5 C1* Wochenende

wienerbrød *7 C2* Kopenhagener Gebäck

Y

yndig *20 C8* reizend

yndlings- *19 A1* Lieblings-

yoghurt *3 B1* Joghurt

Z

zone *11 A3* Zone

Æ

æble *7 B1* Apfel

æg *3 B1* Ei

æggehvide *20 A2* Eiweiß

ægte *18 B5* echte

ægteskab *14 B4* Ehe

ærgre sig *18 B4* sich ärgern

ærlig *14 C7* ehrlich

ært *7 B1* Erbse

æske *7 C4* Schachtel

Ø

ø *20 C7* Insel

øje *14 C2* Auge

øjeblik *5 A1* Augenblick

økologisk *7 L* ökologisch

øl på flaske *3 C4* Flaschenbier

øloplukker *13 C1* Flaschenöffner

ønske *5 A3* wünschen

ønske nogen noget *5 A3* jmdm. etw. wünschen

øre *7 A1* Öre (dänisches Geld)

øre *15 Auftakt* Ohr

østerstrand *20 C8* „Strand der Ostsee"

øverst *F3 C* oberst

Å

åben *6 A1* offen

åbne *5 A1* öffnen

år *4 A3* Jahr

årstal *14 A2* Jahreszahl

årstid *8 C1* Jahreszeit

Bildnachweis

4 Thinkstock (iStockphoto), München; 5.1 Thinkstock (Peter Gridley), München; 5.2 Thinkstock (Brand X Pictures), München; 7 Thinkstock (Hemera), München; 8.1 iStockphoto (Carmen Martínez Banús), Calgary, Alberta; 9 Thinkstock (Brand X Pictures), München; 10.1 Thinkstock (iStockphoto), München; 10.2 Thinkstock (Hemera), München; 10.3 Thinkstock (iStockphoto), München; 10.4 Thinkstock (iStockphoto), München; 12 Thinkstock (iStockphoto), München; 14 Thinkstock (Stockbyte), München; 15 Thinkstock (Goodshoot), München; 16 Thinkstock (Hemera), München; 18 iStockphoto (mark wragg), Calgary, Alberta; 19.3 iStockphoto (Vicki Reid), Calgary, Alberta; 20.1 Thinkstock (iStockphoto), München; 20.2 iStockphoto (Nadezda Shikeruk), Calgary, Alberta; 20.3 iStockphoto (Jo Ann Snover), Calgary, Alberta; 20.4 iStockphoto (Jitalia17), Calgary, Alberta; 20.5 iStockphoto (Chiya Li), Calgary, Alberta; 20.6 iStockphoto (Alexander Kalina), Calgary, Alberta; 20.7 Thinkstock (iStockphoto), München; 20.8 Thinkstock (Hemera), München; 20.9 iStockphoto (George Pchemyan), Calgary, Alberta; 26 Thinkstock (iStockphoto), München; 29 iStockphoto (lushik), Calgary, Alberta; 31.1 Thinkstock (Hemera), München; 31.2 Thinkstock (Hemera), München; 31.3 Thinkstock (iStockphoto), München; 31.4 Thinkstock (Hemera), München; 31.5 Thinkstock (Hemera), München; 31.6 Thinkstock (Hemera), München; 31.7 Thinkstock (Hemera), München; 31.8 Thinkstock (Hemera), München; 36 Thinkstock (Polka Dot), München; 37 iStockphoto (Lone Elisa Plougmann), Calgary, Alberta; 40 Fotolia LLC (jeancliclac), New York; 41 iStockphoto (Mark Papas), Calgary, Alberta; 42 Thinkstock (Stockbyte), München; 44 Thinkstock (Comstock), München; 46 Thinkstock (Medioimages/Photodisc), München; 50.1 Thinkstock (iStockphoto), München; 50.2 Thinkstock (iStockphoto), München; 50.3 Thinkstock (iStockphoto), München 50.4 Thinkstock (Hemera), München; 50.5 Thinkstock (iStockphoto), München; 50.6 Thinkstock (iStockphoto), München; 50.7 Alamy Images (Marco Cristofori), Abingdon, Oxon; 50.8 Alamy Images (John Peter Photography), Abingdon, Oxon; 50.9 Thinkstock (iStockphoto), München; 50.10 Thinkstock (iStockphoto), München; 52 shutterstock (NL shop), New York, NY; 55 iStockphoto (Wouter van Caspel), Calgary, Alberta; 61 Thinkstock (Jupiterimages), München; 63 iStockphoto (Mie Ahmt), Calgary, Alberta; 70 Thinkstock (iStockphoto), München; 76 BigStockPhoto.com (diego cervo), Davis, CA; 78 iStockphoto (Catherine Yeulet), Calgary, Alberta; 82.1 iStockphoto (Tom Nance), Calgary, Alberta; 82.2 iStockphoto (Leonid Nyshko), Calgary, Alberta; 82.3 iStockphoto (wsfurlan), Calgary, Alberta; 82.4 iStockphoto (Amanda Rohde), Calgary, Alberta; 82.5 Thinkstock (iStockphoto), München; 82.6 Thinkstock (Hemera), München; 84 Thinkstock (Hemera), München; 87.1 iStockphoto (Edward Bock), Calgary, Alberta; 87.2 Thinkstock (Jupiterimages), München; 92 iStockphoto (Tyler Stalman), Calgary, Alberta.